Götter · Mythen · Kulturen

Das alte China

Titel der englischen Ausgabe:
Ancient Cultures • Chinese Gods and Myths

Übersetzung aus dem Englischen: Wiebke Krabbe, Damlos
Redaktion: Das Redaktionsbüro, Köln
Satz: ce redaktionsbüro für digitales publizieren, Erkelenz
Gesamtherstellung: NEUER HONOS VERLAG, Köln

INHALT

Die Ursprünge der Religion

Das chinesische Volk hat nie eine strikte Trennung von Mythos und Realität verlangt – tatsächlich ist beides so eng verwoben, dass es schwer zu sagen ist, wo das eine beginnt und das andere endet. Historische Figuren werden zu Göttern erhoben, Mythen werden wie geschichtliche Fakten erzählt. Die frühen Chinesen glaubten, die Welt werde von einer Folge von elf göttlichen Kaisern regiert, von denen jeder als Gott angesehen wurde und 18 000 Jahre lang herrschte. Der Ahnenkult war ein wichtiger Teil alter chinesischer Rituale, und er spielt auch im heutigen Glauben noch eine große Rolle. Obwohl es – vorwiegend über die Seidenstraße – schon früh Handelsverbindungen in alle Welt gab, ist die chinesische Kultur und Denkweise kaum von anderen Zivilisationen beeinflusst worden. Daran hat sich bis heute wenig geändert.

Links: Der Himmelstempel in Peking, in dem der Kaiser alljährlich ein Opfer darbrachte und Gebete für eine gute Ernte sprach.

So verwirrend die Vermischung von Fakten und Fantasie für uns Westeuropäer auch sein mag, so deutlich zeigt sie die Macht und Bedeutung der Mythologie in der chinesischen Tradition. Selbst in revolutionären Zeiten konnte man solche Tendenzen beobachten. In der Phase der Kulturrevolution (1968–78) wurde der Parteivorsitzende Mao als allmächtiger Gott angesehen, dem alle guten Ereignisse zu verdanken waren. Wenn die Stewardess einer Fluggesellschaft erklärt, es sei nicht nötig, einen Sicherheitsgurt anzulegen, weil »der Große Steuermann am Ruder ist«, bekommt man das Gefühl, dass die übermenschlichen Wesen mit fantastischen Kräften, die man aus alten Texten kennt, auch im 20. Jahrhundert noch sehr lebendig sind. Das chinesische Volk führt seine Geschichte in ununterbrochener Linie durch alle Dynastien zurück bis in die Welt der Götter Nugua und Fuxi und schafft so einen nahtlosen Übergang zwischen der historischen und der mythologischen Zeitrechnung.

DIE ALTE RELIGION

Archäologische Funde beweisen die Existenz des Volkes der Shang im Becken des Gelben Flusses, der »Wiege der chinesischen Zivilisation«, im 12. Jahrhundert v. Chr. – etwa um die gleiche Zeit, in der die griechische Kultur entstand. Wie in Griechenland gab es auch in China im 4. Jahrhundert v. Chr. eine hoch entwickelte Gesellschaft, und viele der typischen Strukturen des chinesischen Lebens dieser Zeit sind noch im 21. Jahrhundert erkennbar. Diese auffällige soziale Stabilität ist zweifellos eine der bemerkenswertesten Errungenschaften des chinesischen Volkes.

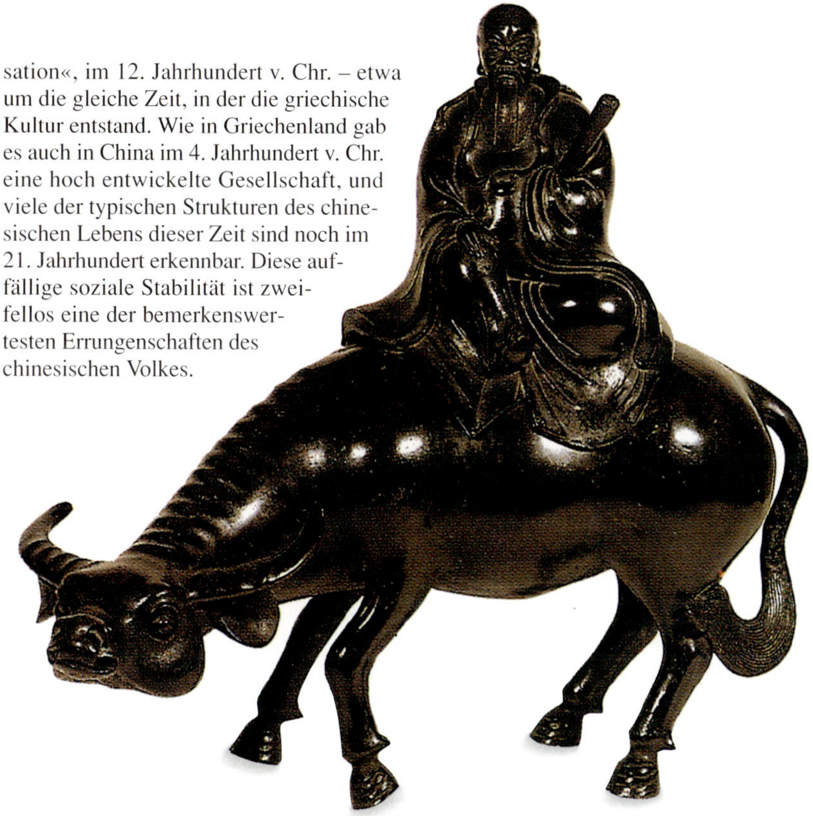

Unten: Die Ming-Bronzestatuette aus dem 17. Jahrhundert zeigt Laotse, den Gründer des Taoismus. Er reitet auf einem Wasserbüffel, der ihn von China in den Westen trug.

Oben: Der Kopf einer zeremoniellen Axt aus der Shang-Dynastie (ca. 1500–1066 v. Chr.). Zu dieser Zeit war der Bronzeguss sowohl für die Technik als auch für die Kunst der Dekoration hoch entwickelt.

China sicherte das Überleben seines sozialen Systems hauptsächlich durch seine Fähigkeit, fremde Einflüsse aufzusaugen und zu verändern. Eroberer sahen sich mit einer Gesellschaft konfrontiert, die weit komplexer und ausgereifter war als ihre eigene. Und selbst wenn ihre militärischen Vorstöße Erfolg hatten, nahmen sie am Ende doch chinesische Praktiken und Strukturen an. Das geschah zum Beispiel, als die nomadischen Mandschu-Stämme von Norden her nach China eindrangen und im 17. Jahrhundert die Qing-Dynastie gründeten. Die wesentlichen ausländischen Einflüsse auf die Entwicklung Chinas (jedenfalls vor dem 20. Jahrhundert und der Entstehung des Marxismus-Leninismus) wurden nicht durch Besatzer ausgeübt, sondern durch Händler, die seit dem 1. Jahrhundert n. Chr. auf der Seidenstraße nach Indien und Zentralasien reisten. Zu dieser Zeit hatten sich bereits zwei Religionen, oder eher Denkrichtungen, in China etabliert: der Konfuzianismus und der Taoismus.

Konfuzianismus

Der Konfuzianismus ist nach seinem Gründer Kong Zi oder Meister Kong (551–479 v. Chr.) benannt; er lebte in einer Zeit, die man auch als die »Frühlings- und Herbstperiode« bezeichnet. Nachdem er ein Leben lang vergeblich versucht hatte, verschiedene Adlige und Herrscher kleiner Staaten zur Annahme seiner Vorstellungen von Moral und Ethik zu überreden, starb er, ohne jemals die Verwirklichung seiner Ideen erlebt zu haben. Seine Gedanken wurden von seinen Anhängern gesammelt und nach seinem Tod veröffentlicht, doch erst während der Han-Dynastie (206 v. Chr. – 220 n. Chr.) wurde der Konfuzianismus zur vorherrschenden Philosophie in China. Als China schließlich im 2. Jahrhundert n. Chr. vereint wurde, verstanden es im Grunde nur die Konfuzianisten, die Regierung sowie öffentliche Geschäfte zu führen. So war es unvermeidbar, dass sie wichtige öffentliche Stellen besetzten und zu hohen Beamten wurden, und in der Folge breitete sich der Konfuzianismus verstärkt aus.

Konfuzius, der zur gleichen Zeit lebte wie Buddha in Indien, setzte sich für eine stark strukturierte, hierarchische Organisation der Gesellschaft ein, in der die Familie die wichtigste Stütze gesellschaftlichen Zusammenhalts war. Er vertrat ein strenges ethisches System und betonte die Bedeutung einer

Rechts: Das Gemälde aus Tibet zeigt, welches Schicksal Sünder nach dem Tod erwartet. Am oberen Bildrand sind die Götter des Himmels zu sehen.

guten und gerechten Regierung. Seiner Meinung nach war ein harmonisches Staatswesen dadurch zu erreichen, dass jedes Mitglied seine Zuständigkeiten kannte und seine Pflichten entsprechend seiner Stellung erfüllte. Gehorsam gegenüber den Eltern und Achtung vor den Alten waren wichtige Regeln. Obwohl Konfuzius keine klaren Aussagen über die Existenz übernatürlicher Wesen machte, waren Opfer doch ein wesentlicher Teil seiner Vision.

Rituale

Durch die Ausführung bestimmter Zeremonien erhielt jede Person ihren Platz im größeren Zusammenhang der Welt, zugleich wurde sie an ihre Verpflichtungen erinnert. Für den Einzelnen bedeutete das, darauf zu achten, dass die Vorfahren glücklich und gut versorgt waren – sowohl die lebenden als auch die verstorbenen Ahnen. Auf Staatsebene brachte der Kaiser jährlich dem Himmel und der Erde Opfer. Konfuzius' Philosophie war pragmatisch, sie sollte vor allem dafür sorgen, dass der Staat stabil und wohlgeordnet war. Man kann seine Philosophie darum auch nicht als Religion bezeichnen, weil ihr bestimmte Merkmale fehlen, die für Religionen typisch sind, etwa ein Priesterstand.

Spätere Anhänger versuchten, den Konfuzianismus zu einer Religion auszubauen, indem sie Tempel errichteten, die alten Götter mit ihren eigenen Vorstellungen vermischten und schließlich Konfuzius selbst zum Gott erhoben (obwohl seine Schüler strikt dagegen waren). Nur wenige der frühen Werke des

Links: Der Große Buddha von Leshan bei Chengdu in der Provinz Sechuan ist direkt aus der glatten Felswand gehauen.

Rechts: Das Schriftzeichen shou (langes Leben) entspricht dem taoistischen Zeichen für »innerer Kreislauf«.

壽
同治癸亥正月元日
八十五叟葉志詵

Konfuzius sind erhalten geblieben, es wird jedoch behauptet, dass das klassische *I Ging* von Konfuzius geschrieben oder zusammengestellt wurde.

Taoismus

Die Denkschule des Taoismus entstand etwa um die gleiche Zeit wie der Konfuzianismus. Einer der frühesten taoistischen Texte ist eine Sammlung von Betrachtungen mit dem Titel *Tao-te King* (Das Buch vom Weg und seiner Kraft), das vermutlich von dem taoistischen Weisen Laotse im 6. Jahrhundert v. Chr. geschrieben wurde. Während sich der Konfuzianismus vorwiegend mit Ethik und Politik beschäftigte, konzentrierten sich die taoistischen Schüler auf tiefere religiöse Fragen. Der Taoismus ging davon aus, dass die Welt eine natürliche Ordnung habe, die das Verhalten aller Dinge bestimme. Frühe taoistische Denker glaubten an die »Einheit« der Dinge, die Zusammengehörigkeit aller Teile des Universums. Sie hofften, dass sie durch das Studium der Natur mehr über diese Grundgesetze herausfinden könnten.

Laotse

Es herrscht Uneinigkeit darüber, ob dieser Mann (vermutlich geboren 604 v. Chr.) tatsächlich existierte. In jedem Fall war er eine wichtige Figur der neuen Religion, und er wurde teilweise vergöttlicht, um der Konkurrenz des Buddhismus, der im 1. Jahrhundert n. Chr. nach China kam, etwas entgegen zu setzen.

Tao und Wissenschaft

Die Achtung vor dem Wesen der Dinge – besonders vor Naturphänomenen wie Wasser und Wind – führte dazu, dass die Taoisten sehr systematisch forschten und damit den Ursprung der Wissenschaft in China begründeten. Später bewegte sich der Taoismus auf einer volkstümlicheren Ebene. Der Glaube,

Ganz links: Diese Gestalt ist von Fan Zeng inspiriert.

Links: Schlafender Mönch

dass auch unbelebte Dinge einen »Geist« oder »Gott« besaßen, führte zu einem System der Huldigung, das weit von den Prinzipien des ursprünglichen Taoismus entfernt war. Taoistische Priester übten auch die Kunst des *Feng Shui* (»Wind und Wasser«) aus, die dazu diente, die Lage eines Gebäudes so zu bestimmen, dass sie den Geist des Ortes nicht störte. Der Taoismus hatte großen Einfluss auf die chinesische Landschaftsmalerei. Eines der Lieblingsmotive ist der Schüler, der aus dem Schutz einer knorrigen Kiefer bewaldete Berge im Nebel betrachtet.

Buddhismus

Der Buddhismus kam im 1. Jahrhundert n. Chr. aus Indien nach China und wurde während der Tang-Dynastie (618–906 n. Chr.) so beliebt, dass er für das bestehende Religionsmonopol eine Herausforderung darstellte.

Einer der wichtigsten Beiträge, den der Buddhismus für das Leben der Chinesen brachte, war die Vorstellung von der Seelenwanderung und dem zyklischen Leben. Es war der Glaube, dass die Seelen in einer Gestalt auf die Welt zurückkehren würden, die durch ihr Verhalten im vorherigen Leben bestimmt wurde. Dieser Glaube brachte vor allem denen Hoffnung, die meinten, dass in ihrem augenblicklichen Leben Wünsche offen blieben. Auch die Mythologie der Hölle geht hauptsächlich auf den Buddhismus zurück. Bei ihrer Ankunft in der Unterwelt tritt die Seele zuerst vor Yen Wang, den Gott des Todes. Dieser konsultiert seine Liste, in der alle guten und schlechten Taten verzeichnet sind. So können beispielsweise treue Söhne oder Gläubige direkt zu Buddha selbst aufsteigen, ins Reich der Unsterblichen auf dem Berg Kunlun gelangen oder unmittelbar als Menschen wiedergeboren werden. Sünder dagegen müssen zuerst vor einen der neun Richter treten, der die angemessene Strafe für die begangenen Übeltaten festlegt. Das Töten galt im Buddhismus als besonders schwere Sünde, was zu einem hohen Respekt vor allen Lebewesen führte. Darum kann man den Vegetarismus als direkte Folge buddhistischer Einflüsse betrachten.

Von der Philosophie zur Religion
Buchstäblich jede Kultur der Welt hat eine Mythologie entwickelt, die sich um mächtige Gottheiten dreht. So ist es nicht verwunderlich, dass auch die Chinesen ihre philosophischen Schulen in dieser Weise veränderten. Eine Religion gibt den Menschen Erklärungen für die Welt, in der sie leben, vor allem für die unvorhersehbaren und machtvollen Kräfte der Natur, die das Leben scheinbar willkürlich verändern können.
Konfuzianismus und Taoismus wurden bald vom Adel und vom Kaiser angenommen, die bereits einen sehr weit reichenden Ahnenkult betrieben. Die Bauern jedoch blieben von diesen Ritualen weitgehend ausgeschlossen. Ihr Glaube ähnelte viel mehr der ursprünglichen, sehr primitiven, animistischen Religion des Landes, denn sie richteten ihn auf Hexen und Scharlatane, die vorgaben, böse Geister vertreiben zu können. Das einfache Volk fand viel leichter Zugang zum Buddhismus.

Ein pragmatischer Glaube
Die chinesischen Mythen spiegeln die allgemeine Bewunderung für harte Arbeit und Tapferkeit. Erstaunlich ist für eine so hierarchisch strukturierte Gesellschaft, dass es eine Reihe von Legenden gibt,

Ganz links: Ein apsara, ein himmlisches Wesen in Gestalt eines Musikanten, der auf einer Wolke schwebt. Diese Bildhauerarbeit aus dem 6. Jahrhundert ist in den buddhistischen Höhlentempeln in Kongmen in der Provinz Henan zu sehen.

Links: Zhong Kuai, eine chinesische Legendengestalt. Er wird stets in traditioneller Kleidung mit Hut und Zopf dargestellt.

in denen arme Leute über diktatorische Herrscher triumphieren, die also Werte wie Fairness und Gerechtigkeit vermitteln.

Die Redensart »Konfuzianist im Berufsleben, Taoist im Ruhestand und Buddhist, wenn sich der Tod nähert«, fasst den pragmatischen Umgang der Chinesen mit der Religion treffend zusammen. Wenn wir die Geschichten der chinesischen Mythologie erklären wollen, vielleicht auch authentische Bezüge herstellen, dann werden wir höchstwahrscheinlich dem verworrenen Geflecht hilflos gegenüber stehen. Wenn wir aber statt dessen die Legenden als bedeutungsvolle und lebendige Zeugnisse einer Lebens- und Denkweise akzeptieren, die ihren Anhängern Inspiration und Trost bietet, dann betreten wir ein Reich, das ebenso faszinierend wie bezaubernd ist.

Chinesische Literatur

Obwohl China über eine weit in die Vergangenheit reichende Geschichtsschreibung verfügt, ergeben sich beim Erforschen seiner Mythologie einige Schwierigkeiten. Viele Texte, so beispielsweise *Die Reise nach Westen*, sind nicht so alt wie sie zu sein vorgeben. Oft wurde das Material von den Autoren gezielt ausgewählt, um ihren Texten Glaubwürdigkeit zu verleihen. Häufig gibt es von einem Mythos verschiedene Versionen, und keine von ihnen ist autorisiert. Das *Shanhaijing*, ein Klassiker über Berge und Seen, wurde im 1. Jahrhundert v. Chr. herausgegeben, das *Huainanzi*, die Schriften des Meisters

Oben: Ein buddhistisches Kloster in der tibetischen Stadt Lhasa. Tibet wurde 1950 von kommunistischen Chinesen erobert, die traditionellen religiösen Einrichtungen wurden unter der chinesischen Herrschaft verboten.

Huai Nan, wurden im 2. Jahrhundert v. Chr. zusammengetragen. Beide sind reich an Quellen für klassische Mythen. Während der Tang-Dynastie, einer der künstlerisch kreativsten Epochen in Chinas Geschichte, war das Interesse an Zauberei und Übernatürlichem hoch. In die Literatur flossen viele Themen aus früherer Mythologie und Folklore ein.

Kulturelle Traditionen

Nimmt man Konfuzianismus, Taoismus und Buddhismus zusammen, so entsteht ein erstaunlich umfangreiches mythologisches Erbe. Obwohl heute 94 % der Bevölkerung der Volksrepublik China Han-Chinesen sind, ist dies nur eine von etwa 50 ethno-linguistischen Gruppen innerhalb Chinas Grenzen.

Ein vielfältiges Erbe

Dieses vielfältige Erbe hat einen Geschichtenschatz entstehen lassen, der ein wichtiger Teil des chinesischen Lebens ist. Ohne Kenntnis der Mythen wird man die chinesische Literatur nicht verstehen, die häufig darauf Bezug nimmt. Noch heute werden viele dieser Geschichten neu erzählt – in Büchern und Comics, in Schauspielen, Opern und Filmen. Feste und Feiertage, Malerei und Bildhauerei, selbst Sprichwörter halten die Mythen des alten China im Alltag lebendig.

Die Mythen der Schöpfung

Der chinesische Legendenschatz umfasst verschiedene Schöpfungsmythen, der wichtigste ist jedoch der vom Riesen Pangu, der aus einem urzeitlichen Ei schlüpft. Das Ei ist ein verbreitetes Fruchtbarkeitssymbol, das in vielen Völkern eng mit Schöpfung und Geburt verbunden ist. In Südkorea kennt man eine Legende von einem Ei, aus dem ein Baby schlüpft und später zum Führer der Welt heranwächst. Auch in der indischen Mythologie kommt ein kosmisches Ei vor. Die Vorstellung eines einzigen Urvaters der menschlichen Rasse findet man in verschiedenen Kulturen von Griechenland bis Polynesien. In ähnlicher Weise hat auch die inzestuöse Ehe zwischen Nugua und ihrem Bruder Fuxi eine Entsprechung in der japanischen Mythologie, die von der Vereinigung von Izanagi und Izanami erzählt. Höchstwahrscheinlich ist diese Legende aus China übernommen worden. Die Geschichte von Pangu geht auf das 4. Jahrhundert v. Chr. zurück, obwohl ihre Ursprünge wahrscheinlich viel älter sind.

Selbst innerhalb Chinas tauchen Themen und Motive in verschiedensten Verkleidungen auf. In einer Volkserzählung aus der Provinz Hebei knetet Pangu Lehmfiguren, aus denen die ersten Menschen werden. In einer anderen Geschichte gehen die ersten Menschen aus der Verbindung von Tianlong und Diya, den Dienern von Wenzhang, dem Gott der Literatur, hervor. Dass solche Motive weltweit auftauchen, deutet auf grundsätzliche Fragestellungen der Menschheit hin und untermauert die Theorien C. G. Jungs über ein »kollektives Unterbewusstes« und einen gemeinsamen menschlichen Erfahrungsschatz.

Vorige Seite: Ein Porzellanteller mit einem Yin/Yang-Symbol, umgeben von acht Trigrammen, die für Weissagungen verwendet wurden. Die Entdeckung der Trigramme wird meist Fuxi, dem Bruder von Nugua, zugeschrieben.

Links: Eine Vase aus dem 5./6. Jahrhundert n. Chr., dekoriert mit Tieren, die die zwölf Monate des Jahres symbolisieren

KLASSISCHE CHINESISCHE KOSMOGRAPHIE

Der Aufbau der klassischen chinesischen Welt ist in verschiedenen Quellen niedergeschrieben, und aus diesen kann man erkennen, dass es unterschiedliche Kosmographien (Theorien über das Universum) gab. Über die *Suan-Ye*-Schule weiß man nur wenig, außer dass ihre Anhänger glaubten, Sonne und Sterne würden sich frei über den Himmel bewegen. Eine Schule nahm an, das Universum habe die Form eines Eis, in dem der Himmel in die obere Hälfte der Schale gemalt war und die Erde auf einem Ozean schwamm, der in der unteren Hälfte lag. Eine noch ältere Richtung ist die *Zhou-bei*-Schule. Für sie war der Himmel eine umgekehrte Schale, die um den Polarstern kreiste, und die Erde darunter ein Quadrat, das an allen vier Seiten von einem der vier Meere umgeben war. Den Himmel hielt man für eine geschlossene Kuppel, die von vier oder acht Säulen oder Bergen getragen wurde. Dass der Polarstern nicht in der Mitte des Firmaments lag, wird in der Legende von Gonggongs Niederlage (Seite 23) einleuchtend erklärt.

Die Wissenschaft war in der chinesischen Zivilisation weit fortgeschritten, und so besaß man auch ein ungewöhnlich komplexes Weltverständnis. Schon im 1. Jahrhundert n. Chr. hatten einige Chinesen Berechnungen angestellt, denen zufolge die Erde rund sein musste.

DER RIESE PANGU

Am Anfang aller Zeiten herrschten in der Welt nur Dunkelheit und Chaos. In dieser Dunkelheit, die die Form eines Eis annahm, wurde als erstes lebendes Wesen der Riese Pangu geboren. Pangu schlief in dem Ei, das ihm

Rechts: Xiwangmu, die Königinmutter des Westens, reitet auf einem Reh. Sie trägt einen Pfirsich und einen Pilz, zwei Symbole des langen Lebens. Dies ist eine Speckstein-Schnitzarbeit aus dem 17. Jahrhundert.

Rechts: Taoistische Weise betrachten ein Gemälde mit einem Yin/Yang-Symbol (Detail von einer Porzellanschale, Kangxi-Periode, Qing-Dynastie).

Nahrung und Schutz bot. Als er nach vielen Jahren zu einem Riesen herangewachsen war, erwachte Pangu und streckte sich. Dabei zerbrach er das Ei. Die leichteren, reineren Teile des Eis stiegen auf und wurden zum Himmel, während die schweren, unsauberen Teile absanken und zur Erde wurden. Dies ist auch der Ursprung der Kräfte Yin und Yang.

Yin und Yang

Das weibliche Element Yin wird mit Kälte und Dunkelheit, Mond und Erde in Verbindung gebracht, das männliche Element Yang dagegen mit Licht und Sonne, Wärme und Himmel. Die uralten chinesischen Begriffe von Yin und Yang sind durch die Beliebtheit des *I Ging* (Buch der Wandlungen) auch in der westlichen Welt bekannt geworden.

Diese beiden gemeinsam wirkenden Kräfte tragen und balancieren den chinesischen Kosmos. Wird ihr Gleichgewicht gestört, bricht eine Katastrophe über die Menschheit herein. Die alten Chinesen betrachteten den Himmel als Ursprung des Wetters, das ihr Leben bestimmte. Und sie wussten, dass der Herrscher der Erde und Sohn des Himmels dem Reich von Shang Di Opfer bringen musste. So wie das Yin und Yang des Kosmos im Gleichgewicht bleiben mussten, so war auch eine harmonische Wechselbeziehung zwischen Mensch und Natur für das Überleben und den Wohlstand der Menschheit wichtig.

Pangu und die Schöpfung

Pangu fürchtete, dass die beiden Hälften seiner Eierschale wieder verschmelzen könnten, darum stellte er sich zwischen sie – sein Kopf trug den Himmel und seine Füße drückten die Erde hinab. Während der nächsten 18 000 Jahre wuchs Pangu täglich drei Meter und

vergrößerte so den Abstand zwischen Himmel und Erde. Als schließlich ein sicherer Abstand von 30 000 Meilen erreicht war, fiel Pangu erschöpft in einen tiefen Schlaf, aus dem er nie wieder erwachte.

PANGUS TOD

Bei seinem Tod entstanden aus seinen Körperteilen die Elemente der Natur. Sein Atem wurde zu Wind und Wolken, seine Stimme zu Donner und Blitz. Aus seinem linken Auge wurde die Sonne, aus dem rechten Auge der Mond. Seine vier Gliedmaßen und sein Rumpf verwandelten sich in die Himmelsrichtungen und die Berge, aus seinem Blut wurden Flüsse und aus seinen Adern die Wege und Pfade. Sein Fleisch wurde zu Bäumen und Erde, die Haare auf seinem Kopf zu Sternen am Himmel. Haut und Haare seines Körpers verwandelten sich in Gras und Blumen. Seine Zähne und Knochen wurden zu Metallen und Steinen, sein Schweiß wurde zu Tau. Und aus den zahlreichen Parasiten, die seinen Körper bewohnten, wurde die Menschheit. So erschuf der Riese Pangu das Universum.

Von dieser Legende gibt es mehrere Varianten, die sich zwar weitgehend ähneln, doch beispielsweise in den Verwandlungsprodukten seiner Körperteile unterscheiden. Manchmal schrieb man Pangu auch die Fähigkeit zu, das Wetter zu beherrschen, das sich je nach seiner Stimmung ändert. Der Mythos von Pangu wurde vermutlich im 4. Jahrhundert n. Chr. der taoistischen Lehre hinzugefügt, weil er die Theorie von Yin und Yang ausgezeichnet verbildlicht.

Interessant ist die relativ niedrige Position, die der menschlichen Rasse zugewiesen wird. Die Menschen sind keineswegs das Zentrum des Universums, sondern vielmehr kleine, bedeutungslose Wesen, die einfach im Zuge der natürlichen Reihenfolge der Schöpfung entstanden. Die chinesische Landschaftsmalerei reflektiert diese Weltsicht: Man sieht winzige Figuren in gewaltigen Panoramas aus Bergen, Seen und Wasserfällen. Der Mensch ist zwergenhaft klein im Vergleich zur Schönheit der Natur. Eine andere Vorstellung über den Ursprung der Menschen wird in der folgenden Geschichte erzählt.

NUGUA BEVÖLKERT DIE WELT

Es war einmal eine Göttin, die war halb Mensch und halb Schlange (oder halb Drache). Sie konnte ihre Gestalt viele Male täglich nach Belieben ändern. Als sie eines Tages durch die neu geschaffene Welt ging, fand sie, dass es dort trotz all der wundersamen und schönen Dinge doch recht einsam war. Nugua sehnte sich nach der Gesellschaft von Wesen ihrer Art, mit denen sie reden und lachen konnte. Sie kam an einen Fluss, setzte sich ans Ufer und sah ihr Spiegelbild im Wasser an. Nachdenklich tauchte sie die Hand ins Wasser und hob einen Klumpen Lehm heraus. Daraus formte sie eine kleine Gestalt, doch statt dieser einen Schwanz zu geben, wie sie selbst einen trug, gab sie ihr Beine, auf denen sie stehen konnte.

DIE ERSTEN MENSCHEN

Als sie die kleine Gestalt auf die Erde stellte, wurde diese plötzlich lebendig, lachte und sprang voll Freude umher. Nugua gefiel ihr Werk gut, und sie beschloss, die Erde mit diesen kleinen Wesen zu bevölkern. Aber sie merkte bald, wie groß die Aufgabe war, die sie sich gestellt hatte, und dass sie erschöpft sein würde, ehe die Welt bevölkert war. Dank ihrer übernatürlichen Kräfte konnte sie ihren Wunsch dennoch erfüllen. Sie nahm eine lange Ranke, tauchte sie in den Schlamm und wirbelte sie dann durch die Luft. Alle Schlammtropfen, die von der Ranke flogen, verwandelten sich in kleine Menschen, als sie die Erde berührten. Manchmal heißt es, aus den von Nugua geformten Menschen seien die Reichen geworden, aus den zur Erde

Rechts: Die Hofgewänder aus der Qing-Periode (17. Jahrhundert) waren mit Drachen bestickt, den wichtigsten Symbolen für Glück, Wohlstand und königliche Autorität. Die Farbe Gelb war allein den höchsten Gesellschaftsschichten vorbehalten.

gefallenen Tropfen dagegen das gemeine Volk. Nugua erkannte, dass die von ihr geschaffenen Wesen eines Tages aussterben würden, wenn sie sich nicht allein fortpflanzen könnten. So teilte sie die Menschen in Männer und Frauen, damit die künftigen Generationen ohne ihr Zutun entstehen konnten.

NUGUA UND FUXI

Eine andere Geschichte erzählt, dass vor langer Zeit nur zwei Menschen auf der Welt lebten, Nugua und ihr Bruder Fuxi. Sie wollten heiraten und Kinder haben, doch Nugua wollte diese Geschwisterehe ohne die Zustimmung der Götter nicht eingehen. Eines Tages kletterten die beiden auf den heiligen Berg Kunlun im Westen und zündeten jeder ein Feuer an. Als sich die Rauchfahnen von den Feuern vereinigten, sahen sie das als Zeichen der Götter, dass sie Mann und Frau werden sollten. Aus Bescheidenheit flocht sich Nugua einen Fächer aus Stroh, mit dem sie bei der Hochzeit ihr Gesicht bedeckte. Noch heute ist es in China Brauch, dass die Braut bei der Hochzeit einen Fächer trägt.

GONGGONGS NIEDERLAGE

Eines Tages beschlossen Gonggong, der Gott des Wassers, und Zhurong, der Gott des Feuers, miteinander zu kämpfen, um herauszufinden, wer von ihnen der Stärkere sei. Nach vielen Tagen erbitterten Kampfes, während derer sie aus dem Himmel herabfielen, unterlag Gonggong. Er schämte sich darüber so sehr, dass er beschloss, sich selbst zu töten, indem er gegen den Berg Buzhou lief, einen der Berge, die den Himmel stützten. Doch der Berg trug den größeren Schaden davon, große Teile brachen heraus. So wurde in den Himmel ein zackiges Loch gerissen und riesige Spalten klafften in der Erde. Aus diesen Spalten quollen Feuer und Wasser hervor, ein großer Teil der Erde wurde überflutet. Die wenigen, die dem Ertrinken entkamen, mussten zusehen, wie ihre Ernten und ihre Häuser verbrannten.

NUGUA RETTET DIE WELT

Nugua, die die Menschen erschaffen hatte, konnte es nicht ertragen, sie leiden zu sehen. So beeilte sie sich, die Ordnung wieder herzustellen. Sie nahm einige bunte Kiesel aus

Oben: Der folkloristische Papierschnitt zeigt den Ochsenhirten aus der Legende Die getrennten Liebenden. *Auf dem Weg, seine Frau im Himmel zu besuchen, trägt er seine beiden Kinder in zwei Körben, die von den Enden einer Stange hängen.*

Diese Auswahl zeitloser chinesischer Figuren zeigt, dass die traditionellen Wurzeln der chinesischen Religion in der Landwirtschaft liegen. Sie betonen das beschauliche Wesen des Glaubens und dessen tief greifende Wirkung auf den Stil der chinesischen Kunst.

einem Flussbett und schmolz sie zu einer zähen Masse, mit der sie den Schaden im Himmel reparieren konnte. Damit der Himmel nicht wieder einstürzte, schlachtete Nugua eine Riesenschildkröte und schnitt ihre Beine ab. Diese stellte sie in allen vier Himmelsrichtungen als zusätzliche Stützen des Himmels auf. So sorgte Nugua dafür, dass die Ordnung auf der Erde wieder hergestellt war und die Menschen ihren Geschäften in Frieden nachgehen konnten.

Nun hatte aber Gonggongs Zusammenstoß mit dem Berg dafür gesorgt, dass sich der Himmel ein Stück in nordwestliche Richtung geneigt hatte, so dass im Südosten eine Lücke entstanden war. Das ist der Grund dafür, dass alle Flüsse Chinas nach Osten fließen und ihr Wasser in den großen Ozean entleeren.
Über den Himmel gibt es eine Vielzahl gut bekannter Mythen. Sie alle zeugen vom Interesse der Chinesen an der Astronomie und den Bewegungen der Planeten.

Die getrennten Liebenden

Diese Legende handelt von einem Ochsenhirten und einer Weberin, die als Symbole für die Sterne Altair und Vega an den beiden

Enden unserer Milchstraße stehen. Diese Geschichte ist vor allem für getrennte Liebende noch heute von Bedeutung. Müssen zwei Ehepartner in unterschiedlichen Orten arbeiten, so bezeichnet man sie mit den Namen aus der Legende.
Ein armer, junger Bauer konnte mit Hilfe seines wertvollsten Besitzes, eines Ochsen, von seinem kargen Boden gerade genug für sich selbst zum Leben ernten. Er war ehrlich, arbeitete hart und wurde von allen geschätzt

und respektiert, doch der junge Mann fand sein Leben ohne eine Frau und eine Familie leer. Eines Tages verriet der Ochse seinem Herrn, dass er in Wirklichkeit der Ochsenstern sei, der zur Strafe für eine Missetat auf die Erde geschickt worden war. »Weil du mich freundlich behandelt hast, will ich dich belohnen und dir helfen, eine Frau zu finden.«

DIE HIMMLISCHEN JUNGFRAUEN

Der Ochsenstern sagte dem jungen Mann, er solle sich am nächsten Tag im Dickicht an einem Teich in der Nähe verstecken, wo angeblich die Himmlischen Jungfrauen baden. Der Ochsenhirte folgte dem Rat und versteckte sich an dem klaren Teich. Tatsächlich kam bald eine Gruppe schöner, junger Mädchen ans Ufer. Sie legten ihre bunten Kleider am Ufer ab und stiegen in das Wasser.

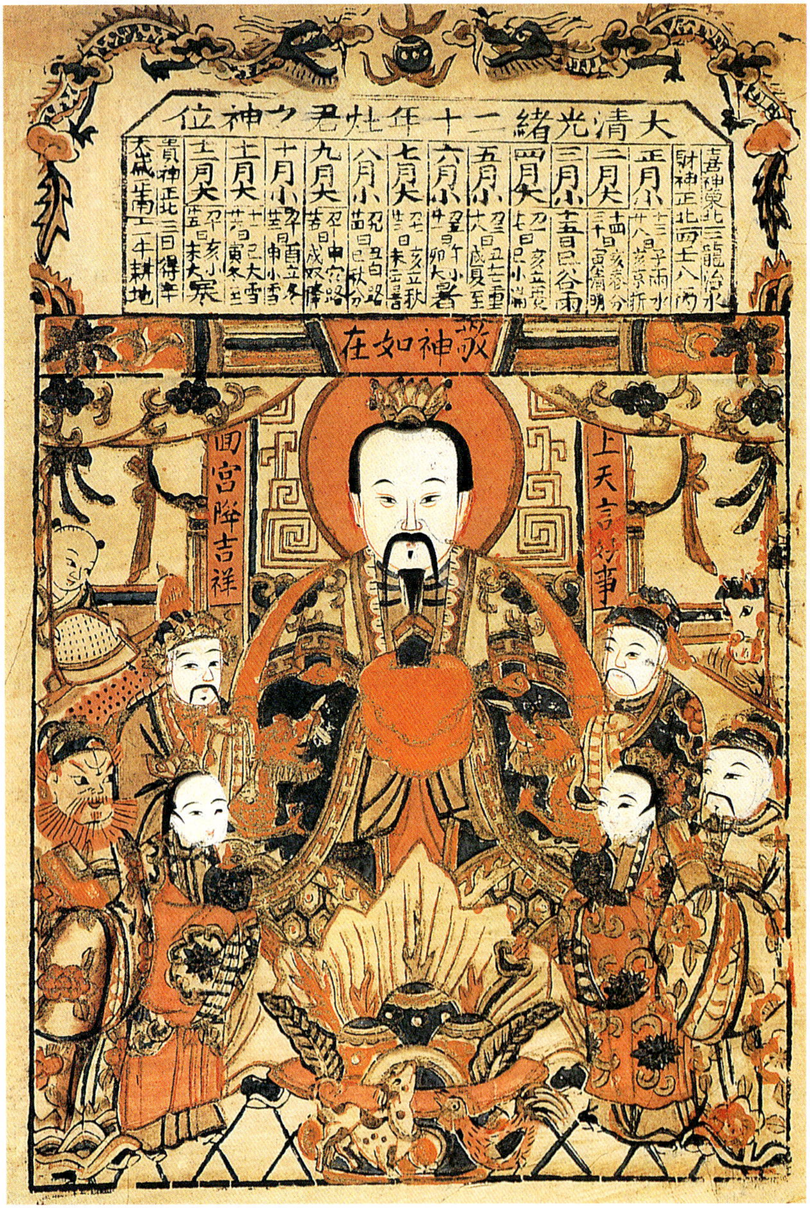

Während die Mädchen im Bad beschäftigt waren, versteckte der Ochsenhirte hinterlistig den Kleiderstapel, der ihm am nächsten lag. Als die Mädchen aus dem Wasser stiegen, trat der Ochsenhirte aus dem Gebüsch. Die Mädchen erschraken, griffen nach ihren Kleidern und flohen zum Himmel. Nur eine konnte ihre Kleider nicht finden, sie war auf der Erde gefangen und hatte große Angst. Als der junge Mann freundlich mit ihr sprach, erkannte sie, dass er ihr nichts Böses wollte und willigte ein, ihn zu heiraten. Nach der Hochzeit verriet sie ihm, dass sie in Wirklichkeit eine Enkelin des Himmels und die Göttin der Webkunst war. Dank ihrer Geschicklichkeit wuchs der Wohlstand des Paares, ebenso wie ihr Glück, als sie zwei Kinder bekamen.

Das Missfallen der Götter

Den Göttern gefiel die Vorstellung, dass die junge Weberin auf der Erde bleiben wollte, gar nicht. Sie schickten einen Boten, der sie an ihren rechten Platz zurückholen sollte. Der Ochsenhirte und seine Kinder sahen hilflos zu, als die weinende Weberin in den Himmel getragen wurde. Noch einmal kam der alte Ochse seinem Herrn zu Hilfe. »Ich werde bald sterben, und wenn ich tot bin, so nimm mein Fell und wickle dich darin ein. Dann kannst du deiner Frau folgen.« Der Ochsenhirte befolgte den Rat. Er setzte seine Kinder in zwei Körbe, die er an die Enden einer langen Stange hängte, und machte sich auf den Weg.

Die Götter geben nach

Bald sah der Ochsenhirte seine Frau, doch bevor er sie erreichte, wurde er von ihrem

Links: Der Neujahrsdruck aus dem 17. Jahrhundert zeigt den Gott des Herdfeuers, Zaoshen. Jedes Haus hatte einen Schrein, der diesem wichtigen Gott geweiht war. man nahm an, dass er alljährlich zum Himmel reise, um Bericht über die Lebenden zu erstatten.

Großvater entdeckt. (In anderen Versionen heißt es, es sei die Großmutter Xiwangmu, die Königinmutter des Westens gewesen.) Eine Linie am Himmel verwandelte sich in einen reißenden Strom, der zwischen den beiden toste. Das kleine Mädchen drängte den Vater, mit dem Kochlöffel, den er als Ballast in ihren Korb gelegt hatte, das Wasser aus dem Fluss zu schöpfen. Der Anblick der Familie und ihrer verzweifelten Anstrengungen rührte das Herz der Götter und sie beschlossen, dass die Familie einmal im Jahr vereint sein dürfe. Von da an flogen alljährlich am siebten Tag des siebten Monats alle Elstern der Erde auf und bildeten eine Brücke über den reißenden Fluss, damit der Ochsenhirte das Wasser überqueren konnte, um seine Frau zu besuchen. Wenn es an diesem Tag regnet, sagt man, das seien die Freudentränen der Weberin.

Das Fest der Weberin

Jedes Jahr an diesem Tag begehen die jungen Mädchen in China ein Fest, in dem sie die webende Göttin um Geschicklichkeit im Spinnen, Weben und Sticken bitten. Es heißt, dass die Damen zur Zeit des Tang-Kaisers Xuan Zong in dieser Nacht eine Spinne in einer Schachtel einsperrten und das Netz, das sie am nächsten Morgen darin fanden, als Hinweis auf die Geschicklichkeit derjenigen Frau betrachteten, die die Spinne eingesperrt hatte.

Der Held Yi

Diese Legende ähnelt der europäischen Geschichte von Wilhelm Tell. Yi war als begabter, exzellenter Bogenschütze bekannt. Zur Zeit des Königs Yao erschienen zehn Sonnen am Himmel, verbrannten die Erde mit ihrer Hitze, trockneten die Flüsse aus und zerstörten Pflanzen und ganze Ernten. Die Men-

Rechts: Der Teil einer großen Bildrolle von Zhu Zhen Sheng zeigt einen Weisen und seinen Diener.

199 御菓園之建成

200 胭脂虎之貴費

201 大名府之王英

202 馬上緣之楊妻

203 飛波島之鮎魚精

204 浣花溪之史建臣

205 渭水河之武吉

206 海潮珠之齊莊王

207 混元盒之蝎虎精

Links: *Traditionelle Zeichnungen für die Masken, die im chinesischen Theater benutzt werden. Jede steht für einen bestimmten Charakter.*

Oben: *Seite aus einem modernen Geschichtenbuch, das die Legende vom unsterblichen Affen erzählt.*

schen begannen zu verhungern. Zentauren, wilde Eber, riesige Schlangen und andere Ungeheuer trieben ihr Unwesen. Da trat der Held Yi auf den Plan und schoss mit seinem magischen Bogen neun der Sonnen vom Himmel. So wurden die Ordnung, die Fruchtbarkeit und die Harmonie der Welt wieder hergestellt.

Dieser Mythos zeigt das breite Interesse an der Astronomie und den Vorgängen im Weltraum. Schon im Jahre 200 n. Chr. behauptete die *Xuanxue*, die Schule des unendlichen »leeren Weltraums«, der Himmel sei leer und ohne Substanz. Sonne, Mond und die Gemeinschaft der Sterne schwebten im freien Raum, bewegten sich oder stünden still, und alle bestünden sie aus kondensiertem Dampf.

Die Beobachtung der Himmelsbewegungen war ein ernsthaftes Geschäft. Früheste Berichte über die Aktivität von Sonnenflecken stammen aus dem Jahr 28 n. Chr. Die Kaiser förderten diese Forschung. Sie holten Astronomen, Wahrsager, Ingenieure und Astrologen an ihre Höfe, um Nutzen aus den Berechnungen der Sternbewegungen zu ziehen.

Drachen

Drachen spielen in der chinesischen Folklore eine wichtige Rolle, sie haben allerdings kaum etwas mit den bösen, Feuer speienden Wesen der europäischen Mythen gemeinsam. Der chinesische Drache, *long* genannt, ist ein charismatisches Wesen. Er ist Herr über das Wasser, bringt den Regen und wird heute ganz allgemein als Symbol des Glücks angesehen. Riesige, farbenfrohe Drachen sind ein zentrales Element der chinesischen Neujahrsfeierlichkeiten. Man hat alte Inschriften gefunden, in denen *long* gebeten wird, die Erde mit Regen zu beleben. Man betrachtete die Drachen als mächtige, übernatürliche Wesen, die ihre Gestalt und Größe verändern konnten. Mal waren sie klein wie eine Seidenraupe, mal so groß, dass sie die ganze Welt über-

Unten: Die Tang-Dynastie ist besonders berühmt für ihre auffällige sancai *(Drei-Farben)-Keramik. Meist sind die Stücke grün, cremefarben und braun, gelegentlich sind auch schwarze Elemente enthalten.*

schatteten. Es waren Mischwesen mit dem Geweih eines Hirschs, dem Kopf eines Kamels, den Augen eines Dämons, dem Hals einer Schlange, den Schuppen eines Fischs, den Klauen eines Adlers, den Füßen eines Tigers, den Ohren eines Bullen und den Schnurrhaaren einer Katze. Drachen galten als sehr weise, was daran lag, dass jeder von ihnen eine »Perle der Weisheit« im Maul trug. Aus diesem Grund bezeichnete man Weise und Gelehrte gelegentlich als »Drachenmänner«. Es ist nicht verwunderlich, dass die mächtigen Tiere bald eng mit den chinesischen Kaisern verknüpft wurden.

Unsterblichkeit

Obwohl die chinesische Denkweise harter Arbeit Respekt und Bewunderung entgegen brachte, fehlte ihr eine klare Unterscheidung zwischen Gut und Böse. Der Mensch wurde als Wesen mit zwei komplementären Seelen angesehen. Die *hun*-Seele kam vom Himmel und kehrte dahin zurück, die *po*-Seele stammte von der Erde, wohin sie nach ihrem Tod ebenfalls zurückkehrte. Die Chinesen der Antike glaubten an Zaubertränke, mit denen sich das Leben verlängern ließ. Ge Hong, ein Alchimist und Schreiber aus dem 3. Jahrhundert, hinterließ Aufzeichnungen über zwei Elixiere.

Eines behinderte das Entfliehen des *hun*, das andere verhinderte die Rückkehr von *po* zur Erde. So konnte der Körper entweder den Himmel oder auch die Wälder und Berge der Erde durchstreifen. Diejenigen, die sich »in die luftige Leere erhoben«, nannte man *tianxian* oder »himmlische Unsterbliche«. Diejenigen, die ihre Aktivitäten auf die Erde beschränkten, waren die *dixian* oder »irdischen Unsterblichen«. Eine dritte Gruppe konnte offenbar nach dem Tod ihren Körper verlassen, dies waren die »körperlosen Unsterblichen« – allerdings macht Ge Hong keine Aussage darüber, wo sie denn lebten.

Links: Kuixing, der hoch verehrte Gott der Literatur, steht auf dem Kopf einer Schildkröte (Darstellung aus dem 17. Jahrhundert). Er hält einen Pinsel, mit dem er eine Liste der erfolgreichen Kandidaten führt.

Unten: Kaiser Kangxi (1662–1722), einer der ersten Mandschu-Herrscher. Seine kaiserliche Robe ist mit Drachen bestickt, die ein uraltes Symbol für Macht und Autorität sind.

Der Legende zufolge hat Ge Hong Unsterblichkeitspillen hergestellt, von denen er eine seinem Hund gab – der prompt starb. Er nahm ebenfalls eine der Pillen, mit dem gleichen Ergebnis, doch während der Vorbereitungen für das Begräbnis erwachten er und sein Hund auf wunderbare Weise wieder zum Leben. Zhang Daoling, der erste himmlische Lehrer der taoistischen Schule, lebte nach der Einnahme des Elixiers angeblich 122 Jahre.
Den taoistischen Vorstellungen zufolge durchstreiften die *xian* das Universum. Ihre Taten und Wunder haben zur Entstehung einer reichen Mythologie beigetragen. Die taoistische Dreifaltigkeit heißt *san qing* oder »Drei Reinheiten«, und alle drei sind *tianxian*. Der erste ist Yuan Shi, der Sohn des Schöpfers Pangu und der heiligen Frau Taiyuan. Er konnte von Geburt an gehen und sprechen und war von einer fünffarbigen Wolke umgeben. Der zweite Unsterbliche war Wu Wang, ein Mitglied des Adels, der 1027 v. Chr. den letzten Shang-

Oben: Fabeltiere hocken auf den Dachfirsten in der Verbotenen Stadt, Peking. Diese Furcht erregenden Wesen sollten böse Geister vertreiben.

König, den tyrannischen Zhou Xin gestürzt hatte. Zusammen mit Da Zhun wird ihm die Einrichtung einer gerechten Regierung zugeschrieben. Das dritte Mitglied dieser Dreifaltigkeit ist der taoistische Philosoph Laotse.

Um ein *xian* zu werden, war ein aufwändiges Begräbnis mit vielen Ritualen nötig, um den Körper vor dem physischen Verfall zu schützen. Für die Reichen gehörten große Mengen Jade zu den obligatorischen Grabbeigaben.

Götter und Göttinnen

Vorige Seite: Der Bronzespiegel aus der Tang-Dynastie zeigt Zhang E unter dem Cassia-Baum.

Im chinesischen Pantheon gibt es eine Vielzahl von Göttern und Göttinnen. Er ist aufgebaut wie eine gigantische Verwaltungsbürokratie und ähnelt dem chinesischen Staat. Nach Vorschrift des obersten Himmelsherrschers wurde das Verhalten der Götter alljährlich nach einem göttlichen Prüfungssystem beurteilt. Alte Götter gingen, neue kamen hinzu, von denen manche ihr Leben als Sterbliche begonnen hatten. Es ist interessant zu beobachten, dass buchstäblich alle chinesischen Götter als menschliche Wesen dargestellt werden. Niedrigere Götter, zusammengefasst unter der Bezeichnung »Götter der Mauern und Gräben«, wurden zusätzlich in bestimmten Gegenden verehrt. Die chinesische Version der Hölle entstand mit dem Aufkommen des Buddhismus. Es war ein sehr komplexes System aus 18 Höllen und 10 Gerichtshöfen unter dem Vorsitz von Yen Wang, dem Gott des Todes.

Links: Adel und Angehörige des Königshauses wurden mit allem begraben, was sie im nächsten Leben brauchen könnten. Dazu gehörten auch Diener. Dieses Stück stammt aus der Tang-Dynastie (618–907 n. Chr.).

Pangu war der Schöpfer des Universums und Nugua schuf die ersten Menschen. Sie hatte ein besonderes Interesse an ihren sterblichen Kreaturen und schützte sie vor einer großen Flut. Ihr Gefährte (und in einigen Versionen ihr Bruder) war Fuxi. Sowohl er als auch Nugua werden häufig mit einem schlangenartigen Schwanz dargestellt. Zhurong, der Gott des Feuers, kam als nächster auf die Erde, zusammen mit Gonggong, dem Gott des Wassers. Der Krieg, der zwischen diesen beiden ausbrach, war vorhersehbar. Leigong war der unglaublich hässliche Gott des Donners. Er war blau, hatte Flügel und Krallen, und er bestrafte die Sünder, deren Verbrechen jenseits menschlicher Gerichtsbarkeit lagen – etwa das indirekte Verursachen eines Todes.

HIMMLISCHE BÜROKRATIE

Die Chinesen glaubten, dass eine intensive Kommunikation zwischen Himmel und Erde stattfand. Im Grunde nahm man an, dass die Organisation des Himmels die Gesellschaftsstruktur der Erde spiegelte. Der Kaiser, der am Kopf einer gigantischen Bürokratie stand, hatte als himmlisches Gegenstück, den Gott Shangdi. Wie auf der Erde dem Kaiser, dienten im Himmel zahllose Funktionäre und

Beamte Shangdi. Der oberste Herrscher, der auch einfach als Tiandi oder »Himmel« bezeichnet wurde, taucht in der taoistischen Lehre als »Jadekaiser« auf. Der Jadekaiser hatte Töchter, aber keine Söhne, die ihn stürzen könnten. Xiwangmu, die Königinmutter des Westens, war die Ehefrau des Jadekaisers. Sie sorgte für das ewige Leben der Götter, indem sie ihnen die Pfirsiche der Unsterblichkeit zu essen gab, die 6000 Jahre lang reifen mussten.

Grosser Kaiser des östlichen Gipfels
Dem Ministerium der Fünf Heiligen Berge (Wu Yo) stand der hoch angesehene Gott Taishan vor. Er war der Enkel und der Stellvertreter des Jadekaisers und als »Großer göttlicher Herrscher des östlichen Gipfels« bekannt. Als Herr der Gelben Quellen führte er ein Büro, das sich mit allen Angelegenheiten des Lebens und Sterbens auf der Erde beschäftigte. Er leitete 75 Büros, die jeweils von einer untergeordneten Gottheit geführt wurden. Sie waren zuständig für Belange wie das Festlegen von Geburts- und Sterbedaten oder der Lebensdauer von Menschen und Tieren. Dies stand in Zusammenhang mit der buddhistischen Vorstellung der Reinkarnation, die besagte, dass eine Seele viele Male wiedergeboren werden könne.
Taishans Tochter Shengmu, die Prinzessin der gestreiften Wolken, war die Schutzgöttin der Frauen und Hüterin der Vögel. Diese Gottheit war besonders beliebt bei Frauen, die sich wünschten, einen Sohn zur Welt zu bringen. Taishan (wörtlich übersetzt »Großer Berg«) ist auch unter den Fünf Heiligen Bergen der höchstgeehrte. Jedes Jahr brachte der Kaiser an diesem Pilgerort Opfer dar.

Die Himmlischen Ministerien
Jeder Gott war für einen bestimmten Bereich zuständig und dafür dem Jadekaiser gegenüber verantwortlich.

Links: Pfirsiche, die für ein langes Leben stehen, spielen in der chinesischen Mythologie eine bedeutende Rolle.

Oben: Die Pagode der sechs Harmonien am westlichen See von Hangzhou. Dem Volksglauben zufolge bringt der Bau einer Pagode Glück.

Links: Die Speckstein-Figur aus dem 18. Jahrhundert stellt Shoulao dar, den Sternengott des langen Lebens, zu erkennen an seinem Kahlkopf und dem Stock. Er trägt einen Pfirsich, der einen Kranich enthält – zwei Symbole für langes Leben.

Das wichtigste Ministerium war das des Donners (*lei bu*) sowie das Himmlische Ministerium der Heilung (*tian yiyuan*). Sie wurden von den ersten drei weisen Kaisern Chinas geführt: Fuxi, Shen Nong und Huang Di.
Das Ministerium des Feuers (*huo bu*) war mit dem ehemaligen taoistischen Weisen und Herrscher des Mars Le Xuan besetzt. Ein weiterer Taoist, Lu You, war zuständig für das

Ministerium der Epidemien. Zu den weiteren wichtigen Gottheiten gehörte der Gott der Bollwerke, Cheng Huang. Er wachte über Städte und Dörfer, und seine Pflichten ähnelten denen eines göttlichen Magistrats. Wen Zhang, der Gott der Literatur, stand einem Ministerium vor, dem neben anderen auch der hässliche Gott der Prüfungen angehörte. Dieser war noch beliebter als sein Vorgesetzter, weil er bestimmte, wer in den Prüfungen am besten abschnitt.

Zu den beliebtesten Gottheiten zählten Shou Xing, der Gott des langen Lebens, Fu Shen, der Gott des Glücks und Cai Shen, der Gott des Wohlstands. Er führte ein großes Ministerium mit vielen untergeordneten Göttern, darunter auch den Gott des erfolgreichen Handels.

Die Aktivitäten der Götter

Viele der Götter lebten auf der Erde und kehrten nur einmal im Jahr in den Himmel zurück, um dem Jadekaiser Bericht über die Angelegenheiten der Menschen zu erstatten. Dem Volksglauben zufolge hatten auch viele gewöhnliche Gegenstände im Haus ihren eigenen Schutzgeist, den man tunlichst mit Opfergaben freundlich stimmte. Obwohl die gebildeten Chinesen auf diese Gewohnheiten oft herabsahen, gaben sich die meisten Hausfrauen Mühe, die Götter nicht zu beleidigen, um das Risiko eines negativen Berichts zu vermeiden.

Der Gott des Herdes

Zu den wichtigsten dieser Schutzgeister gehört Zaowang, der Gott der Küche oder des Herdes, der alles hörte und sah, was in der Familie vor sich ging. Von seinem jährlichen

Rechts: Guandi, der Gott des Krieges, stand zugleich für die Gerechtigkeit. Bei Rechtsstreitigkeiten trugen ihm die Parteien ihre Anliegen oft in seinem Tempel vor.

Bericht an den Jadekaiser hing ab, wie viel Glück oder Pech die Familie im nächsten Jahr haben würde. Eine Statue oder ein Bild des Gottes hatte ihren Stammplatz in einer Nische über dem Herd, damit er das ganze Jahr über ein wachsames Auge auf das Kommen und Gehen im Haushalt haben konnte. Zum Neujahrsfest gab man ihm ein gutes Essen, damit er auf seiner Reise in den Himmel bei guter Stimmung war, und man bestrich ihm die Lippen mit Honig, damit er nur süße Worte sprechen konnte. Dann wurde unter dem Getöse von Böllern das rußgeschwärzte Bild verbrannt und auf seine Reise geschickt.

Wie viele andere chinesische Götter war auch der Gott des Herdes ursprünglich ein menschliches Wesen. Einer Geschichte zufolge war er ein armer Maurer in so schlechten Verhältnissen, dass er seine Frau nicht mehr ernähren konnte. Er war gezwungen, sie einem anderen Mann zur Ehe zu geben und machte sich auf, als Bettler durch das Land zu wandern. Durch Zufall kam er eines Tages an das Haus, in dem seine ehemalige Frau lebte. Er schämte sich sehr und versuchte, durch den Herd zu fliehen. Dabei achtete er gar nicht darauf, dass dieser brannte. Nach seinem schmerzhaften Tod wurde er in einen gütigen Gott verwandelt.

LEGENDÄRE GÖTTER

Viele der beliebten chinesischen Götter waren historische Figuren mit außergewöhnlichen Eigenschaften, die nach ihrem Tod zu Göttern erklärt wurden. Einer von diesen war Guandi, der Kriegsgott, dem zahllose Tempel und Schreine gewidmet sind. Guan Zhong wie er zu Lebzeiten hieß, gehörte zu einer Gruppe von drei Straßenräubern, die am Ende der unruhigen Han-Dynastie lebten. Die Ge-

Links: Ein Druck des Türgottes, umgeben von den Göttern des Wohlstandes und anderen Gefährten (Qing-Dynastie)

schichte seines Lebens ist in dem Roman *Die drei Reiche* nacherzählt, der zwar vorgibt, ein zeitgenössischer Bericht zu sein, tatsächlich aber zu Beginn der Ming-Dynastie geschrieben wurde. Der Text wurde seitdem zur Grundlage vieler Theaterstücke und Romane. Guan Zhong wurde zuerst wegen seiner militärischen Tapferkeit bekannt, später errang er Beliebtheit wegen seines großen Mutes und seiner Loyalität. Guandi ist leicht zu erkennen, weil er häufig mit gerötetem Gesicht dargestellt wird.

Buddhistische Gottheiten

Die buddhistischen Gottheiten sind bei Weitem nicht so zahlreich wie diejenigen aus der traditionellen chinesischen Mythologie, einige der Bodhisattvas sind dennoch sehr populär.

Die Göttin der Gnade

Die beliebteste Göttin der Chinesen ist Guan Yin, die Göttin der Gnade. Ursprünglich war sie einmal der buddhistische Bodhisattva Avalokitsvara. Dieser Heilige, dessen Name ins Chinesische übersetzt bedeutet »der die Schreie der Welt hört«, ist zugleich der Schutzpatron des tibetischen Buddhismus. Guan Yin wird häufig als Madonna mit einem weißen Schleier und einem Kind auf dem Arm porträtiert, und vor allem Paare, die sich ein Kind wünschen, beten zu ihr. Die Fischer meinen, dass sie auch ihre schützende Hand über Menschen in Seenot hält, darum wird sie manchmal gleichgesetzt mit der Göttin Mazu, deren Kult sich von den südchinesischen

Rechts: Diese Statue aus vergoldeter Bronze zeigt einen Bodhisattva, der auf einem Lotusblatt sitzt. Er ist eine buddhistische Gottheit, die in der Welt zurückgeblieben ist, um andere zu retten, statt ins Nirwana aufzusteigen. Diese Figur stammt aus der Liao-Dynastie (907–1125 n. Chr.).

Links: Ein Holzdruck aus dem 18. Jahrhundert als Illustration des Klassikers Die Reise nach dem Westen *von Wu Cheng'en. Oben steht der Affe, rechts der Mönch Tripitaka, und links in der Mitte das Schwein.*

Küstenregionen her ausgebreitet hat. Bilder von Guan Yin findet man nicht nur in Tempeln und Schreinen, sondern auch in privaten Häusern und auf öffentlichen Plätzen. Alle Formen der Medien haben sich dieser Gestalt angenommen. Sie ist die meistverehrte Göttin des chinesischen Pantheon. Die folgende Geschichte zeigt die große Zuneigung der Menschen zu dieser Göttin.

Das Geschenk des Reises

Zu der Zeit, als die Menschen noch Jäger und Sammler waren, war das Leben sehr hart und ungewiss. Guan Yin sah, wie die Menschen litten und oft auch verhungerten, und sie hatte den Wunsch, ihnen zu helfen. Sie drückte ihre Brüste, bis Milch heraus floss, und mit dieser füllte sie die Ähren der Reispflanze. Um für all die vielen Menschen zu sorgen, musste sie so große Mengen Milch produzieren, dass sich am Ende Blut darunter mischte. Darum gibt es heute weißen und roten Reis.

Der Hund und der Reis

Eine andere Legende schreibt die Einführung des Reises einem Hund zu. Nachdem Yu, der Sohn des Gu, die große Flut unter Kontrolle gebracht hatte, mussten die Menschen von der Jagd leben, denn alle Pflanzen waren weggespült worden.

Eines Tages lief ein Hund aus einem überschwemmten Feld. In seinem Schwanz hatte sich ein Reishalm verfangen. Die Menschen pflanzten die Samen in die nassen Felder, und sie wuchsen und reiften heran. Die Menschen waren darüber sehr glücklich, und darum wird seitdem die erste Mahlzeit nach der Reisernte mit den Hunden geteilt.

Links: Diese Holzschnitzerei aus dem 14. Jahrhundert zeigt einen lebensgroßen buddhistischen lohan, *einen erleuchteten heiligen Mann.*

DIE ACHT UNSTERBLICHEN

Die Acht Unsterblichen spielen in der taoistischen Mythologie eine zentrale Rolle. Sie stellen ein Beispiel idealen Verhaltens dar, an dem sich normale Menschen orientieren können, um selbst Erleuchtung oder Unsterblichkeit zu erlangen. Jeder von ihnen wurde als Mensch geboren und erreichte die Unsterblichkeit auf unterschiedliche Weise, etwa durch selbstlose Großzügigkeit, Selbstverleugnung oder indem er einem großen Lehrer folgte. Häufig werden sie mit Pfirsichen dargestellt, den chinesischen Symbolen des langen Lebens.

DER AFFE

Unter allen Tieren der chinesischen Mythologie – seien es reale oder Fantasiewesen – nimmt der Affe eine Sonderstellung ein. Seine Geschichte wird in *Xi you ji* oder *Die Reise nach dem Westen* erzählt, die Wu Cheng'en im 16. Jahrhundert niederschrieb. Der Roman gibt vor, ein authentischer Bericht der Reisen des buddhistischen Mönchs Xuan Zang (Tripitaka) zu sein, der im 7. Jahrhundert nach Indien reiste, um die buddhistischen Sutren zu suchen. Als er ankündigte, dass er nach Hause zurückkehren wolle, wunderten sich seine buddhistischen Gastgeber und sagten: »Dies ist das Land, in dem Buddha geboren wurde. Und wenn du alle heiligen Stätten besuchen willst, die mit ihm zu tun haben, so wirst du dein ganzes Leben lang mit Besichtigungen beschäftigt sein. Nachdem du einmal hier bist, wäre es schade, wieder abzureisen.« Doch Tripitaka erklärte, dass der Buddhismus eine Botschaft für alle Menschen enthalte, darum sei es seine Pflicht, wieder nach China zurückzukehren.

Nach 16 Jahren Abwesenheit aus seiner Heimat verbrachte er den Rest seines Lebens damit, die 520 Schatullen voller Texte zu übersetzen, die er mitgebracht hatte.

In dem Buch wird Xuan Zang wegen der buddhistischen Schriften, auf deren Suche er geht, Tripitaka genannt. Seine Reisebegleiter sind ein Affe und ein Schwein, zwei Wesen, die jedoch keine historische Vorlage haben.

DIE UNSTERBLICHKEIT DES AFFEN

Der Affe wurde aus einem steinernen Ei geboren, das an einem Hang des Berges Aolai im östlichen Meer lag, seit Pangu die Welt erschaffen hatte. Obwohl sich dieser Affe äußerlich nicht von seinen Artgenossen unterschied, verfügte er doch über magische Kräfte. Das Affenvolk, bei dem er lebte, erkannte diese Kräfte bald und ernannte ihn darum zu ihrem König. Nachdem er etwa 300 Jahre lang König gewesen war, machte sich der Affe Sorgen um das Schicksal, das ihm und seinem Stamm bevorstehen könnte. Er beschloss, den Weg zur Unsterblichkeit zu suchen, von der er durch die Geschichten von Buddha und anderen Gottheiten gehört hatte. So machte er sich auf in die Welt der Menschen, wo er auch einen Lehrer fand, der bereit war, ihn als Schüler aufzunehmen.

Rechts: Ein Richter der Hölle (Keramikfigur aus dem 16. Jahrhundert). Er trägt mehrere Schriftrollen, in denen die Lebensdaten und das Verhalten der Menschen niedergeschrieben sind.

Wie es Sitte war, erhielt der Affe einen neuen Namen – Sun, »Der Erleuchtete«. Und seitdem ist *sun* das chinesische Wort für Affe. Nach 20 Jahren hatte der Affe nicht nur das Geheimnis des ewigen Lebens erfahren, sondern auch andere wertvolle Fähigkeiten erworben: Er konnte durch die Luft fliegen und seine Gestalt nach Belieben ändern.

Die magische Waffe des Affen

Als der Affe zum Berg Aolai zurückkehrte, stellte er fest, dass ein Dämon sich der Heimat der Affen bemächtigt hatte. Er besiegte das Ungeheuer in einem Kampf und beschloss dann, sich eine magische Waffe zu beschaffen. So besuchte er den Drachenkönig des östlichen Meeres und schleppte gegen den Willen des Drachen einen eisernen Pfeiler davon, der einmal dem Großen Yu, dem Beherrscher der Flut, gehört hatte. Der Besitzer konnte die Größe des Pfeilers im Handumdrehen ändern. Klein wie eine Nadel ließ er sich leicht herumtragen, doch er konnte sich auch im Nu in einen gewaltigen Kampfstab verwandeln.

Der Affe und die Unterwelt

Eines Tages, als der Affe mit seinen Artgenossen gerade ein großes Fest feierte, näherten sich ihm zwei Boten aus der Unterwelt, die seinen Tod ankündigen sollten. Der Affe protestierte, er sei doch unsterblich. Als die Boten das ignorierten, wurde der Affe sehr zornig. Er wirbelte seinen magischen Stab um sich und schlug die Boten zu Boden. Dann machte er sich wutentbrannt auf in die Unterwelt. Er verlangte, das Totenregister zu sehen und entdeckte darin seinen eigenen Eintrag: »Seele Nr. 1735, Sun, der Erleuchtete, 342 Jahre und ein friedlicher Tod.« Da wurde er noch zorniger. Er schnappte sich einen Pinsel und durchkreuzte die Zeilen, die sich auf ihn und sein Volk bezogen. Dann warf er das Buch auf den Boden, stürmte davon und kehrte auf seine Festung in den Bergen zurück.

Der Affe zieht in den Himmel ein

Bald gelangten die Berichte über das Verhalten des Affen auch an die Ohren des großen Jadekaisers. Der Drachenkönig des östlichen Meeres und Yama, der Herr der Unterwelt, beschwerten sich über die Arroganz des Affen. So beschloss man, dass es eine gute Idee wäre, den Affen in den Himmel zu bringen, wo er unter Aufsicht war. Man bot ihm einen Posten an als »Hüter der himmlischen Pferde«, und weil er meinte, dies sei eine bedeutende Stellung in der himmlischen Verwaltung, nahm er das Angebot sofort an.

Nachdem er seine Stellung ein Weilchen inne hatte, begann der Affe, sich nach seinem Dienstgrad und seinem Gehalt zu erkundigen. Als er jedoch erfuhr, dass dies ein Ehrenamt ohne Bezahlung war und obendrein eine sehr niedrige Stellung in der himmlischen Hierarchie, wurde er abermals sehr wütend. Der einzige Weg, den stolzen Affen zum weiteren Aufenthalt im Himmel zu bewegen, bestand darin, ihm den Titel »Großer Weiser, dem Himmel gleich« zu verleihen – ein Titel, der großartig klang, aber in Wirklichkeit bedeutungslos war.

Der Wächter des Gartens

Eine Zeitlang vergnügte der Affe sich mit Festessen und Gelagen mit seinen Freunden. Dann gab man ihm, um ihn vor weiteren Schwierigkeiten zu bewahren, einen neuen Posten: Er wurde Wächter das Gartens der Pfirsiche der Unsterblichkeit.

Dieser Garten gehörte Xiwangmu, der Königinmutter des Westens. Alle 6000 Jahre, wenn die Früchte reif waren, gab sie ein großes Fest, zu dem alle Unsterblichen eingeladen wur-

Links: Eine kunstvoll dekorierte Porzellanvase aus der Qing-Dynastie. Pfirsiche waren Symbol der Unsterblichkeit, und man schrieb ihnen die Macht zu, böse Geister abzuwehren.

Rechts: Eine Dienerin von Xiwangmu, der Königinmutter des Westens, hält eine Schale mit Pfirsichen der Unsterblichkeit. Diese Elfenbeinfigur stammt aus der Ming-Dynastie.

den, um von den Pfirsichen zu essen und so ihr ewiges Leben aufzufrischen. Als nun die Pfirsiche heranreiften, konnte der Affe natürlich nicht widerstehen, einen zu pflücken, um ihn zu kosten. Der Pfirsich war so köstlich, dass der Affe einen nach dem anderen fraß und schließlich in den Zweigen eines der Bäume einschlief. Ein Mädchen, das ausgeschickt worden war, die Pfirsiche für das Fest der Königinmutter zu pflücken, weckte ihn schließlich.

Ein einzigartiges Fest

Der Affe war schockiert, als er erfuhr, dass er zu dem Fest nicht eingeladen war, und so sann er auf Rache. Er hatte schon die meisten reifen Pfirsiche in dem Garten gefressen, und nun trank er auch noch große Mengen des duftenden Weines, der für das Fest bereit gestellt worden war. Dann begegnete er den Wächtern des Elixiers der Unsterblichkeit, das Laotse zu dem Fest mitbringen wollte, und er trank auch dies.

Die Strafe des Affen

Als der Affe nach einer Weile wieder etwas nüchterner war, erkannte er die Ungeheuerlichkeit seiner Vergehen. Er hatte ein schlechtes Gewissen, kehrte in die Berge zurück und versteckte sich in seiner alten Höhle. Die Götter waren empört, als sie entdeckten, was der Affe getan hatte, und sie beschlossen, ihn zu bestrafen.

Nach vielen Kämpfen wurde der Affe schließlich dem Jadekaiser vorgeführt, gefesselt an Händen und Füßen. Man konnte ihn nicht zum Tode verurteilen, weil er einfach zu viel von dem Elixier der Unsterblichkeit getrunken hatte. So beschloss man, ihn in Laotses Schmelztiegel zu schmelzen. Nach 49 Tagen in dem weiß glühenden Tiegel hatte der Affe lediglich gerötete Augen, und er sprang heraus, bereit zu neuen Streitereien. Verzweifelt bat der Jadekaiser Buddha persönlich um

Hilfe. Buddha amüsierte sich über die Eskapaden des frechen Affen. Er setzte ihn in seine gewaltige Handfläche und forderte ihn heraus: »Wenn du aus meiner Hand springen kannst, sollst du Herrscher über den Himmel werden. Wenn nicht, musst du auf die Erde zurückkehren und dir deine Unsterblichkeit verdienen.«

Buddha und der Affe

Der Affe machte einen gewaltigen Satz. Als er schließlich wieder auf dem Boden landete, fand er sich am Fuß eines hohen Berges wieder. Er riss sich ein Haar aus, benutzte es als Pinsel und schrieb seinen Namen auf den Berg. Dann urinierte er auf den Boden, wie es Tiere tun, um ihr Revier zu markieren. Schließlich kehrte er zu Buddha zurück, um sein Recht als Herrscher über den Himmel einzufordern. Doch Buddha brach in Lachen aus.

»Du hast meine Hand niemals verlassen. Schau, dein Name steht auf einem meiner Finger!« Der Affe sah ein, dass er den Buddha niemals würde überlisten können, so versuchte er zu fliehen. Doch Buddha schuf schnell einen Berg, sperrte den Affen darin ein und sagte: »Darin sollst du sitzen, bis du für deine Sünden bezahlt hast.«

Fünfhundert Jahre später, nachdem sich Guan Yin für ihn eingesetzt hatte, wurde er aus seinem Gefängnis entlassen – allerdings unter der Bedingung, dass er den Mönch Tripitaka auf seiner großen Reise in den Westen begleiten und beschützen würde.

Oben: Ein Papierschnitt des Affen, der einen Pfirsich aus dem Garten der Königinmutter frisst. Sein Körper ist mit Blüten, Münzen und Swastikas bedeckt, die alle drei in Indien und China als Symbole des Glücks gelten. Die Beliebtheit dieser Figur gründet sich auf ihre humorvolle Beschreibung in Die Reise nach dem Westen.

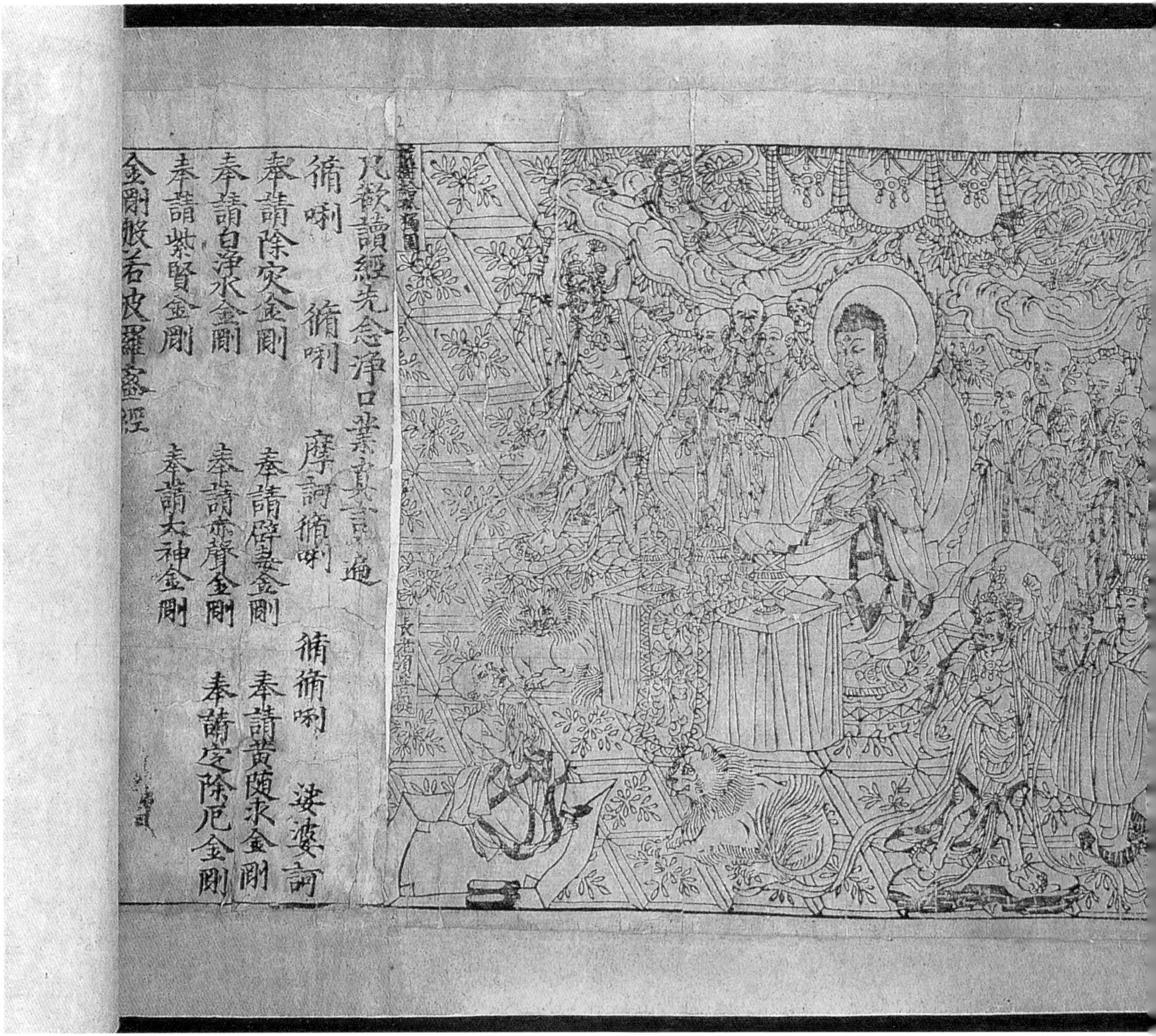
凡欲讀經先念淨口業真言遍
脩唎 脩唎 摩訶脩唎 脩脩唎 娑婆訶
奉請除災金剛 奉請辟毒金剛 奉請黃隨求金剛
奉請白淨水金剛 奉請赤聲金剛 奉請定除厄金剛
奉請紫賢金剛 奉請大神金剛
金剛般若波羅蜜經

Der Affe, das Schwein und Tripitaka
Zu den beiden Reisenden gesellte sich ein dritter Gefährte, das Schwein. Gemeinsam erlebten sie eine gefährliche und ereignisreiche Reise, die 14 Jahre dauerte und 80 Gefahren zu überwinden bot, doch schließlich erblickten sie Buddhas Heim, den Berg der Seele.
Als sie die Schriften von Buddha persönlich erhalten hatten, machten sie sich auf die Heimreise. Mit Guan Yins Hilfe war der Rückweg weitaus bequemer: Sie reisten auf einer Wolke, die von einem der Goldenen Wächter getragen wurde. Doch das angenehme Leben fand ein jähes Ende, als Buddha beschloss, sie noch einer letzten Gefahr auszusetzen, damit die Gesamtzahl ihrer Prüfungen 81 wäre, neun mal neun.

Buddhas Prüfung
Plötzlich purzelten die drei Reisegefährten zur Erde hinab. Als sie sich aufrappelten, erkannten sie, dass sie an einem Fluss waren, den sie auf dem Hinweg auf dem Rücken einer weißen Schildkröte überquert hatten. Die Schildkröte tauchte auf, um sie abermals über das Wasser zu bringen. Doch auf halbem Wege hielt sie plötzlich an. Sie hatte Tripitaka auf dem Hinweg den Auftrag gegeben, sich bei Buddha nach der Lebensdauer der Schildkröten zu erkundigen und wollte nun die Antwort wissen. In seiner Aufregung, vor Buddha zu treten, hatte Tripitaka die Bitte der Schildkröte jedoch völlig vergessen. Als die

Links: Die Diamant-Sutra-Rolle ist eines der frühesten Beispiele der Buchkunst. Das Deckblatt zeigt Buddha, umgeben von seinen Jüngern. Es stammt aus dem Jahr 868 n. Chr. und wurde in Dunhuang in der Provinz Gansu gefunden.

Rechts: Ein vergoldeter Stein-Buddha aus dem mittleren Ostchina

Schildkröte das erfuhr, war sie so ärgerlich, dass sie die drei kurzerhand ins Wasser warf. Glücklicherweise schafften sie es, mit ihrer kostbaren Fracht ans Ufer zu schwimmen, wo sie von den Einwohnern mit großer Freude empfangen wurden.

Die Befreiung

So erreichten sie die Hauptstadt Chang'an und wurden in einer großen Zeremonie zum Kaiser gebracht. Als Buddha mitteilte, dass Tripitaka einer seiner Jünger sei, der als Strafe für seine Sünden auf die Erde geschickt worden war, erhielten die drei ihre endgültige Anerkennung im Himmel. Jetzt durfte Tripitaka wieder seinen Platz an Buddhas Seite einnehmen. Der Affe wurde zum Gott der siegreichen Schlacht und das Schwein Oberster Reiniger der Himmlischen Altäre.

Die Geschichte des Affen ist immer wieder aufgegriffen worden – ob Buch, Schauspiel, Oper oder Film – und ist noch heute beim chinesischen Publikum äußerst beliebt. Seine listigen Schandtaten und seine Kampfkunst begeistern die Menschen heute ebenso wie vor Jahrhunderten.

Links: Das farbenprächtige Innere der Gebetshalle im Tempel des Himmels, Peking.

GROSSE LEGENDEN

Das Bedürfnis, eine Erklärung und Begründung für das anscheinend willkürliche Wirken der Natur und der Geschichte zu finden, ist seit Anbeginn der Zeit in allen menschlichen Gesellschaften festzustellen. Letztlich ist es diese Suche nach Hintergründen, die uns als Menschen auszeichnet. Die Antworten, die wir auf unsere Fragen über die Entstehung der Welt und unseren Platz in ihr gefunden haben, nennen wir Mythen. Solche Mythen dienen auch dazu, die Gesellschaftsordnung zu rechtfertigen und traditionelle Riten und Bräuche zu erklären.

Die Geschichten selbst sind so reich und unterschiedlich wie die Kulturen, in denen sie entstanden sind. In der chinesischen Mythologie fällt auf, dass sie besonders bestrebt ist, Harmonie und Ordnung zu erhalten. Die Vorstellung, dass ungünstige Naturereignisse auf der Erde durch ein Ungleichgewicht des Himmels verursacht werden, ist in vielen der alten Geschichten zu finden, von denen wir hier nur einige wenige nacherzählen können.

Der Gelbe Kaiser

Die Legende von Huangdi, dem Schutzpatron aller Taoisten, ist ein ausgezeichnetes Beispiel für das Bedürfnis nach Harmonie und Ausgewogenheit zwischen Yin und Yang in der Welt.

Nach 15 Jahren geriet das Reich von Huangdi, dem »Gelben Kaiser« in Schwierigkeiten. Zwar schätzten ihn seine Untertanen als wohl-

Vorige Seite: Ein besticktes Seidenkissen zeigt die Legende vom Hasen, der im Mondschein unter dem Cassia-Baum das Elixier der Unsterblichkeit braut.

Links: Keramikstatue eines Furcht erregenden Wächters aus einem Tang-Grab aus dem 8. Jahrhundert. Solche Figuren sollten böse Geister vertreiben.

wollenden Kaiser, doch Huangdi vernachlässigte seine kaiserlichen Pflichten und verbrachte seine Tage mit Vergnügungen, bis »sein Aussehen bleich wurde und seine getrübten Sinne betäubt waren«. Nach weiteren 15 Jahren wuchs die Unordnung auch außerhalb seiner Palastmauern, doch der Kaiser unternahm nichts.
Schließlich gab er den Kampf gegen das Faultier, das ihn zu überwältigen drohte, ganz auf und beschloss, alle Entscheidungen seinen Ministern zu überlassen. Er zog sich in eine Hütte in seinem Hof zurück und fastete, um seinen Geist und seinen Körper zu disziplinieren. Eines Tages träumte er vom Königreich von Huaxu, der Mutter des großen mythischen Herrschers Fuxi. Es war ein Land, das »Schiffe, Kutschen oder die Füße eines Sterblichen« niemals erreichen konnten. Dieses Land war ein idealer Ort, bevölkert von Menschen ohne Wünsche und Sehnsüchte, die durch den Raum schwebten, »als würden sie auf festem Boden gehen, und in der Luft schliefen, als wären dort Betten«.
Als er erwachte, verkündete Huangdi seinen Ministern, dass man den Weg des Tao »nicht durch die Sinne finden kann. Ich weiß es, ich habe ihn gesehen, doch ich kann es euch nicht erklären.« Von nun an war Huangdi völlig verändert und er führte sein Reich in einer Ordnung, die der von Huaxu nahe kam. Bei seinem Tod wurde er ein *xian*, ein Unsterblicher, und sein Volk trauerte 200 Jahre lang um ihn.
Die Legende von diesem erstaunlichen Kaiser diente dazu, die Weisheit zu erklären. Seine Herrschaft wurde zu einem goldenen Zeitalter stilisiert, ihn selbst zeichnete man mit heldenhaften Attributen aus. Auch Erfindungen wie den Kompass, die Münzprägerei und bestimmte Regierungsinstitutionen schrieb man ihm zu.

Oben: Ein kunstvoll, mit taoistischen Gottheiten verzierter Bronzespiegel aus dem 3. Jahrhundert

DIE MONDGÖTTIN ZHANG E

Diese Legende hat ihre Wurzeln in der uralten chinesischen Begeisterung für die Astronomie und die Vorhersehbarkeit von Himmelsereignissen.
In einem See jenseits des östlichen Meeres wuchs ein großer Maulbeerbaum mit Namen

Rechts: Der Holzdruck aus dem frühen 20. Jahrhundert erzählt die Geschichte von Meng Quiang nu. Die Geschichte beginnt an der rechten Seite und verläuft von oben nach unten.

Ganz rechts: Die kunstvolle Porzellanfigur aus dem 18. Jahrhundert stellt den Phönix dar, ein Symbol der chinesischen Kaiserin.

Fusang, und in seinen Zweigen wohnten zehn Sonnen. Diese Sonnen, die die Kinder des Erdgottes Dijun und der Sonnengöttin Xihe waren, zogen abwechselnd ihre Bahnen über den Himmel. Jeden Morgen wurde eine der Sonnen in einer Kutsche, die von ihrer Mutter gezogen wurde, über den Himmel gefahren, um der Welt Licht und Wärme zu bringen. Eines Tages rebellierten die zehn Sonnen gegen diese Gewohnheit. Sie wollten alle gemeinsam ausziehen und durch den Himmel tollen. Eine Weile vergnügten sie sich köstlich, doch dann brachte ihr Vergnügen Probleme. Die Erde trocknete aus, die Ernten verwelkten, selbst die Felsen begannen zu schmelzen. Die Nahrung wurde knapp und es gab fast nichts mehr zu trinken. Zu allem Überfluss krochen Ungeheuer und wilde Tiere auf der Suche nach Beute aus den Wäldern.

YI GREIFT EIN

In seiner Verzweiflung rief Dijun den großen Bogenschützen Yi zu sich und gab ihm einen Köcher mit weißen Pfeilen und einen roten Bogen. »Ich brauche deine Hilfe, um die Ordnung auf der Erde wieder herzustellen«, sagte er. »Bringe meine Söhne zur Räson und erschieße die wilden Tiere, die die Menschen bedrohen.« Yi nahm den Auftrag an und machte sich zusammen mit seiner jungen Frau Zhang E auf den Weg. Yi war klar, dass er mit Drohungen oder Überredungskunst nichts erreichen würde. So legte er einen Pfeil auf seinen Bogen und schoss in den Himmel. Eine Feuerkugel explodierte, die Luft war voll goldener Flammen. Einen Moment später fiel etwas mit einem dumpfen Schlag auf den Boden. Die Menschen liefen herbei und sahen, dass einer ihrer Peiniger in einen drei-

孟姜
第一回
銀一千兩
第二回

beinigen Raben verwandelt worden war. Yi schoss einen Pfeil nach dem anderen ab und traf jedes Mal sein Ziel ins Herz. Und jedes Mal fiel die Seele der getroffenen Sonne in der Gestalt eines dreibeinigen Raben zur Erde hinab. Schnell kühlte sich die Luft ab, doch hätte der weise König nicht rasch gehandelt, wären alle Sonnen ausgelöscht worden. Er erkannte, dass eine Sonne übrig bleiben musste, um die Erde mit Licht und Wärme zu versorgen. Er zählte die Pfeile in Yis Köcher und sorgte dafür, dass sie ihm ausgingen, ehe er die letzte Sonne vom Himmel schießen konnte. Nachdem dieser Auftrag ausgeführt war, wandte sich Yi den Ungeheuern zu.

Yi wurde als großer Held gefeiert, und alle Menschen waren ihm dankbar, dass er sie vor einem schrecklichen Schicksal gerettet hatte. Ihm klangen die Ohren noch von all dem Lob, als er mit seiner Frau Zhang E in den Himmel zurückkehrte, um von seiner erfolgreichen Mission zu berichten. Doch statt ihn mit offenen Armen willkommen zu heißen, wandte sich der Gott Dijun von ihm ab. »Ich kann zwar nicht bestreiten, dass du meinen Auftrag ausgeführt hast, aber dennoch kann ich dich nicht ansehen, denn du hast meine Söhne getötet. Du musst mit Zhang E den Himmel verlassen und zur Erde zurückkehren, der du einen so großen Dienst erwiesen hast.«

DIE VERTREIBUNG VON YI UND ZHANG E

Zhang E war zornig über diese Entscheidung, und sie fand es besonders ungerecht, dass sie nun für die Tat ihres Mannes bestraft werden sollte. Widerstrebend packten die beiden ihre Sachen und zogen zur Erde.

Yi verbrachte seine Tage auf der Jagd, doch Zhang E fühlte sich in ihrem neuen Heim gar nicht wohl und klagte pausenlos über ihr trauriges Schicksal. »Nun sind wir in die Welt der Menschen verbannt worden, und eines Tages werden wir sterben und in die Unterwelt absteigen. Unsere einzige Hoffnung ist die Königinmutter des Westens, die auf dem Berg Kunlun wohnt. Wir müssen das Elixier der Unsterblichkeit von ihr erbitten.« Yi machte sich gleich auf den Weg, und nach einer langen Reise kam er schließlich bei der Königinmutter an. Diese war von Yis trauriger Geschichte gerührt und beschloss, ihm und Zhang E zu helfen.

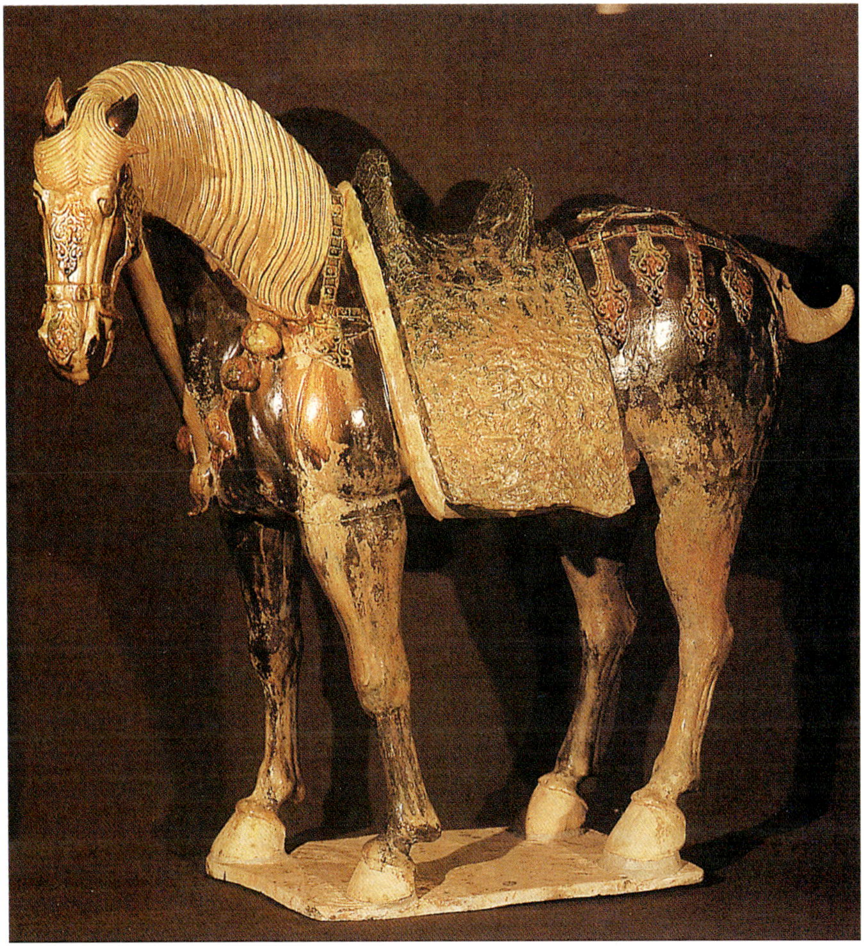

Oben: Dieses Pferd aus der Tang-Dynastie (618–907 n. Chr.) ist eine glasierte Grabfigur aus Keramik. Auch sie diente dazu, dem Verstorbenen das Leben in der Unterwelt angenehmer zu machen.

Ganz links: Das bestickte Kissen zeigt Zhang E auf ihrem Flug zum Mond.

Rechts: Ein seidener Wandbehang aus dem 16./17. Jahrhundert, verziert mit tanzenden Phönixen und Felsen

DAS ELIXIER DER UNSTERBLICHKEIT

»Dieses Kästchen enthält genug von dem Elixier, um zwei Menschen unsterblich zu machen. Allerdings müsst ihr trotzdem in der Welt der Menschen bleiben. Um völlige Unsterblichkeit zu erlangen, müsstet ihr die doppelte Menge haben. Gib gut auf das Kästchen acht, es enthält alles, was ich besitze.« Yi kehrte mit dem kostbaren Kästchen eilig heim und vertraute es der Obhut seiner Frau an. Er wollte einen besonderen Tag abwarten, um das Elixier zu nehmen. Doch Zhang E überlegte: »Warum soll ich nicht die ganze Portion nehmen und so mein früheres Leben als Göttin wiedergewinnen. Schließlich bin ich ja ganz ungerechtfertigt bestraft worden.«

ZHANG ES GIER

Sobald sie das Elixier genommen hatte, fühlte Zhang E, wie sich ihre Füße vom Boden hoben. Immer höher flog sie, aus dem Fenster und hinaus in die Nachtluft. »Wenn ich genau darüber nachdenke«, sagte sie sich, »ist es vielleicht nicht geschickt, gleich in den Himmel zurückzukehren. Die Götter könnten mir vorwerfen, dass ich das Elixier nicht mit meinem Mann geteilt habe.«

So beschloss Zhang E, zunächst zum Mond zu fliegen, der über ihr am klaren Sternenhimmel stand. Als sie ankam, entdeckte sie, dass es ein öder Ort war. Dort gab es nichts als einen Hasen unter einem Cassia-Baum. Zhang E bemerkte, dass ihre Kräfte sie verlassen hatten und dass sie verdammt war, bis ans Ende aller Zeit an diesem einsamen Platz zu bleiben.

Yi war erschrocken und entsetzt, als er erfuhr, wie seine Frau ihn hintergangen hatte. Er nahm den Schüler Peng Meng zu sich und hoffte, dass auf diese Weise wenigstens seine Künste nicht sterben würden. Peng Meng strengte sich sehr an, und schließlich gab es außer Yi keinen Bogenschützen, der ihm überlegen war. Mit der Zeit wurde Peng Meng eifersüchtig auf die Fähigkeiten seines Meisters, und eines Tages nutzte er eine günstige Gelegenheit, um ihn zu töten.

WASSER IN DER MYTHOLOGIE

Im Laufe der Geschichte Chinas haben zahllose Menschen an den Ufern der großen Flüsse, des Yangtse und des Gelben Flusses, gelebt. Sie alle wussten, dass der Fluss ihnen das Wasser gab, um ihre Felder zu bewässern – ihnen aber auch eines Tages die Lebensgrundlage entziehen konnte. Das Motiv der Sintflut taucht zwar in vielen Mythologien der Welt auf, doch hat es in der chinesischen Mythologie eine besonders große Bedeutung. Viele Geschichten erzählen von der Wichtigkeit, die Macht des Wassers zu beherrschen, und zeugen von Respekt vor denen, die diese Fähigkeit besaßen.

DIE GROSSE FLUT

Während der Herrschaft des weisen Königs Yao schickte Tiandi, der oberste Gott des Himmels, eine schreckliche Flut, um die Menschen auf der Erde für ihre Sünden zu bestrafen. Von allen Göttern des Himmels hatte nur einer Mitleid mit den Menschen, und sein Name war Gun. Er meinte, dass diese Strafe zu hart sei, und so bat er Tiandi, die Flut zu beenden. Doch seine Bemühungen waren vergeblich.

Eines Tages zerbrach er sich den Kopf, um eine Möglichkeit zu finden, das Wasser zu beherrschen. Gun begegnete einer Eule und

einer Schildkröte. Als er ihnen von seinen Sorgen erzählte, antworteten beide: »Tiandi besitzt einen magischen Stoff, der wie ein Erdklumpen aussieht. Wenn du ein Stückchen von diesem Stoff ergatterst und es in das Wasser wirfst, wird es zu einem riesigen Damm aufquellen, der die Flut zurückhält.«
Gun war so fest entschlossen, die Menschen zu retten, dass er alle Hindernisse überwand und ein Stück von der magischen Erde beschaffte. Sofort machte er sich auf den Weg zur Erde und warf ein winziges Stück davon in das Wasser. Und im Nu hob sich der Boden über die Wasseroberfläche. Es dauerte nicht lange, da konnte man die Gipfel von Hügelketten und Bergen sehen. Bald war das Wasser von den Bergen eingeschlossen und schließlich versickerte es ganz. Die Menschen waren Gun so dankbar für seine Hilfe, dass sie Loblieder sangen. Tiandi aber war zornig, als er entdeckte, was Gun getan hatte. Er schickte den Feuergott Zhurong zur Erde, um Rache zu nehmen. Zhurong tötete Gun, nahm den Rest der magischen Erde wieder mit sich in den Himmel, und bald war die Welt wieder von Wasser bedeckt.

Oben: Das chinesische Neujahrsfest wird traditionell mit Drachen gefeiert, die als Glückssymbole gelten. Der Drache ist eines der bekanntesten Symbole in der chinesischen Kunst wie auch in der Folklore.

DER GEIST GUNS
Obwohl Gun getötet worden war, weigerte er sich zu sterben, denn er hatte sein Vorhaben nicht ausgeführt. Sein Körper verweste nicht, sondern erwachte wieder zum Leben. Nach drei Jahren, in denen die trauernden Menschen am Körper ihres Retters Wache gehalten hatten, schickte Tiandi einen Gott mit einem Schwert zur Erde, um Gun endgültig zu töten. Als die Klinge Guns Körper traf, erschien plötzlich ein schrecklicher Drache. Dieser Drache war niemand Geringeres als der Große Yu, Guns Sohn, der das unerledigte Vorhaben seines Vaters beendete und schließlich die Fluten unter Kontrolle brachte. Gun selbst verwandelte sich dann in einen gelben Drachen, der fortan auf dem Grund des Meeres lebte.

GUNS SOHN
Guns Sohn, der legendäre Kaiser Yu, wurde als Beherrscher des Wassers bekannt. Im *Shujing* (Buch der Geschichte) bittet ihn der göttliche Monarch Shun, die Fluten unter Kontrolle zu bringen, die noch immer das Land bedrohten. Yu verbrachte 13 Jahre damit, das Wasser zu beherrschen, ohne auch nur einmal nach Hause zu reisen. Tatsächlich gelang ihm das Vorhaben, so dass die Felder wieder richtig bewässert werden konnten. Er entwickelte im Tal des Gelben Flusses Entwässerungssysteme und Schutzwälle gegen Überflutungen. Zur Belohnung wurde er der Begründer der ersten kaiserlichen Dynastie, der Xia. Yu war ein konfuzianischer Held, die Taoisten dagegen waren der Meinung, dass seine Arbeit ein Abweichen vom natürlichen Lauf der Dinge und ein Eingriff der Menschen in die Natur war.

DER SEIDENHANDEL
Über Jahrhunderte waren Seide und Gewürze die wichtigsten Handelsgüter Chinas. Bis 1200 v. Chr. reichen die Anfänge der Seiden-

spinnerei zurück. Noch heute ist China eines der wichtigsten Seide produzierenden Länder. Die folgende Legende erzählt vom Ursprung der Seide.

DIE LEGENDE DER SEIDENRAUPEN-GÖTTIN

Es war einmal eine junge Frau, deren Vater oft auf lange Geschäftsreisen ging. Als sie eines Tages ihr Pferd striegelte, erzählte sie ihm, wie sehr sie ihren Vater vermisse. Sie verkündete, sie würde jeden heiraten, der ihn zu ihr zurück bringen würde. Als das Pferd das hörte, machte es sich sofort auf die Suche nach dem Vater. Viele Meilen entfernt sah der Vater, der mitten bei seiner Arbeit war, das Pferd. Es wieherte ihm aufgeregt zu. Er machte sich Sorgen, dass seiner Tochter vielleicht etwas zugestoßen sei, stieg auf das Pferd und galoppierte nach Hause. Als er ankam und sah, dass alles in bester Ordnung war, fragte er seine Tochter, warum ihn das Pferd geholt habe. Sie meinte, das Pferd habe wohl gewusst, wie sehr sie ihn vermisste.

DER TOD DES PFERDES

In den folgenden Tagen bekam das Pferd besonders gutes Futter als Belohnung für sein Verhalten. Doch es schien unglücklich und wollte nicht fressen. Nur wenn die Tochter in seine Nähe kam, war es heiter, bäumte sich auf und wieherte aufgeregt. Der Kaufmann fragte seine Tochter, warum sich das Pferd so sonderbar verhalte. Da erinnerte sie sich an ihre Bemerkung, dass sie denjenigen heiraten würde, der ihren Vater zu ihr zurückbrächte. Als der Vater diese Erklärung hörte, wurde er sehr zornig, dass das Pferd erwartete, seine Tochter zu heiraten. Es war zwar ein prächtiges Tier, doch der Vater ging wütend in den Stall und tötete das Pferd. Er zog ihm das Fell ab und hängte es zum Trocknen in die Sonne.

Links: Der Drachentanz wird zum Neujahrsfest aufgeführt. Manche Chinesen sehen den Drachen als Boten von Glück und Fruchtbarkeit an.

DIE FOLGEN

Als das Mädchen am nächsten Tag mit ihren Freunden im Freien war, lächelte sie das Pferdefell an. Da hob es sich von der Wand, flog durch die Luft, wickelte sie ein und trug sie davon. Der Vater kam nach Hause und suchte mit den Nachbarn nach dem Mädchen. Sie hatten fast die Hoffnung aufgegeben, sie lebendig wiederzufinden, da entdeckten sie sie im Wipfel eines Maulbeerbaums, in das Pferdefell gehüllt. Sie hatte sich in ein sonderbares Wesen mit einem Pferdekopf verwandelt. Aus diesem Kopf kam ein dünner Faden weißer Seide, den sie langsam um sich wickelte.
So verwandelte sich das Mädchen in die Seidenraupen-Göttin. Später stieg sie vom Himmel herab, um dem Gelben Kaiser die Seide zum Geschenk zu machen. Er war so begeistert davon, dass er und seine Frau mit der Seidenraupenzucht begannen. Und das war der Beginn der Seidenindustrie in China.

DIE GROSSE MAUER

Es ist kaum verwunderlich, dass eines der größten von Menschen erstellten Bauwerke eine eigene Legende besitzt. Der Bau der Großen Mauer wurde während der Qing-Dynastie um 214 v. Chr. begonnen, um die mongolischen und türkischen Eindringlinge aus dem Norden fern zu halten. Es ist ein etwa 2,5 Meter hoher Wall aus Erde und Steinen, der mit Ziegeln verkleidet ist. Die Mauer hat eine Länge von 2333 Kilometern und erweist der Baukunst all der Männer, die sie vor Jahrhunderten errichtet haben, alle Ehre.

Der Ehemann von Meng Qiangnu sollte am Bau der Großen Mauer teilnehmen. Das war eine große Ehre, auf die seine Familie sehr stolz war. Als er auch nach vielen Monaten nicht nach Hause zurückkehrte, machte sich Meng Sorgen. Sie brachte den Göttern Opfer und erkundigte sich auch bei den Behörden nach seinem Verbleib, doch niemand schien von seinem Schicksal zu wissen. Schließlich stellte sich heraus, dass ihr Mann beim Bau der Mauer gestorben war. Er war einer der vielen Arbeiter, deren Leben für den Schutz des Landes geopfert worden war.
Als sie diese Nachricht hörte, begann Meng unaufhaltsam zu weinen. Ihre Tränen wollten nicht versiegen, und schließlich brachten sie die Mauer zum Einstürzen.

Mythische Tiere

Drachen sind die wichtigsten Fabelwesen der chinesischen Tradition. Im Gegensatz zu den Lindwürmern der westlichen Sagen waren die chinesischen Drachen den Menschen weitgehend wohl gesonnen, wenn auch manchmal recht launisch. Drachen standen für das männliche Element Yang. Seit der Han-Dynastie galten sie auch als Symbol des Kaisers, dem Sohn des Himmels. Der Phönix dagegen stand für das weibliche Yin und die Kaiserin. Gemeinsam wurden Drache und Phönix als Metapher für die eheliche Harmonie verwendet.
Zwischen Drachen und Wasser in jeder Form – Meere, Seen, Flüsse, Regen – scheint eine besondere Anziehung zu bestehen. Man glaubte, dass vier Drachenkönige über die vier Meere herrschten, die die Erde umgaben. Auch in den Flüssen und Seen lebten Drachenkönige in Kristallpalästen, die mit kostbaren Schätzen gefüllt waren. Man nahm an, dass die Drachen den Regen beherrschten.

Links: Ein Grabwächter aus Keramik aus der Tang-Dynastie

Auf Abbildungen werden sie häufig zwischen Regenwolken mit einer Kugel oder Perle dargestellt.

NEUJAHRSTRADITIONEN

Das chinesische Jahr folgt dem Mondkalender, und das Neujahrsfest liegt im späten Januar oder frühen Februar. Zu dieser Gelegenheit wird der Drachentanz aufgeführt. Viele Tänzer bilden eine Reihe, jeder hält einen Stock, mit dem er einen Teil des langen Drachenkörpers stützt. Der erste Tänzer trägt eine Laterne in der Form einer roten Kugel. Die Tänzer bewegen sich auf und ab, vorwärts und rückwärts, so dass es aussieht, als würde sich der Drache hinter dem Ball her schlängeln. Dieser Tanz geht vermutlich auf ein uraltes Ritual der Erdvorbereitung vor der Saat zurück. Er wird von chinesischen Gemeinden in aller Welt aufgeführt.

Das Drachenboot-Fest wird in Südchina am fünften Tag des fünften Monats des Mondkalenders (Mitte Juni) gefeiert. Es ist ein Ruderwettkampf, in dem Mannschaften von Männern in langen, schlanken Booten mit einem Drachenkopf gegeneinander antreten. Ging ein Mann über Bord und ertrank, sah man dies als Opfer an den Drachengott an.

DRACHENLINIEN

Viele Chinesen glauben, dass die Erde mit einem Netzwerk von Erdadern oder »Drachenlinien« überzogen ist. Ehe ein Haus gebaut oder eine Grabstelle gewählt wurde, befragten viele Menschen einen Geomanten,

Rechts: Diese Elfenbeinfigur aus der Ming-Dynastie (17. Jahrhundert) stellt den taoistischen Unsterblichen Zhang Guolao dar. Traditionell reiste er auf einem Esel, der sich in Papier verwandeln konnte. Er starb auf einer Reise zur Kaiserin Wu. Sein Körper verweste, doch später wurde er lebend in den Bergen gesehen.

um sicher zu gehen, dass der gewählte Platz den Fluss der natürlichen Energien entlang dieser Drachenlinien nicht behinderte und dadurch den Zorn des Drachen weckte und Probleme bereitete. Dieser Glaube ist so stark, dass man noch heute Geomanten befragt, sogar in so modernen Städten wie dem Hongkong des 21. Jahrhunderts. Obwohl sie offiziell für Scharlatane erklärt wurden, die alte, feudalistische Traditionen fortführen, sucht man vor allem auf dem Land häufig ihren Rat.

ZHONG KUI, DER DÄMONENTÖTER

Während der Neujahrsfeierlichkeiten hängen viele Familien in ihren Häusern Bilder des Dämonentöters Zhong Kui auf, um ihr Haus vor Dämonen zu schützen. Zhong Kui ist eine beliebte Figur aus der Mythologie, um die sich viele Legenden ranken.

Eine Geschichte erzählt, dass er ein armer Schüler war, der die staatlichen Prüfungen bestand und dennoch keine Stellung erhielt, weil er so hässlich war. Er beging auf den Stufen des Kaiserlichen Palastes Selbstmord und

Ganz links: Das Verpflanzen der Reissetzlinge wird noch heute in der gleichen mühevollen Handarbeit wie vor Jahrhunderten ausgeführt. Die enorme Bedeutung einer guten Ernte ist in vielen der Mythen Chinas zu spüren.

Unten: Die Chinesen waren geschickte Reiter, und Pferde haben in ihrer Malerei und Bildhauerei stets eine große Rolle gespielt. Die Abbildung zeigt eine Grabmalerei aus der Han-Dynastie.

Oben: Die schweigenden Reihen von stattlichen Terracotta-Kriegern sind lebensgroße Nachbildungen der Soldaten des Kaisers Qin aus dem 3. Jahrhundert.

machte diesen dadurch besonders empfänglich für Dämonen. Der rote Dämon erschien und machte den Kaiser krank, doch der Geist Zhong Kuis kam und tötete den Dämon mit seinem Schwert. So wurde der Kaiser wieder gesund. Aus Dankbarkeit ließ der Kaiser für Zhong Kui ein Staatsbegräbnis ausrichten und berief ihn zum Dämonentöter des Reiches. In der Hölle erhielt Zhong Kui eine große Armee von Geistern, die ihm bei seiner Aufgabe helfen sollten. Häufig wird er mit einem Tiger als Reittier dargestellt (ein mächtiges *yang*-Tier), dabei trägt er eine Dämonenfalle, die fünf giftige Tiere aufsaugt: die Schlange, den Tausendfüßler, die Spinne, den Gecko und die Kröte. Alle symbolisieren das negative *yin*-Element. Im nördlichen China vertrieb man sie am fünften Tag des fünften Monats.

SCHLUSSBEMERKUNG

Die chinesischen Legenden spiegeln die Beschäftigung mit übernatürlichen und ganz praktischen Belangen. Viele handeln von der Beherrschung der Kräfte der Natur zum Nutzen der Menschheit, aber auch von individuellen Schicksalen.